ERA CRIPTO

Por Horacio Raviolo

Texto 2021
Revisión y actualización 2022.

Todos los derechos reservados

Autor. **Horacio Raviolo**
Horacio.raviolo@gmail.com

Ilustración de Tapa: **Lucas Matías Gerold**

Editor:
© 2021 M.A.M. Editorial
© 2021 Miguel A. Morra

Todos los derechos están reservados- Ninguna parte de esta publicación puede ser reproducida, almacenada en sistemas o transmitida en forma alguna, sin el permiso previo del autor, quien es responsable absoluto de la totalidad de términos y contenido conceptual de esta publicación.

All rights reserved. No part of this publication may be reproduced, stored in retneval systems or transmitted in any form or by any means, electronic, mechanical, photocopying : recording or otherwise without the prior permission of the author who takes the absolute responsibility of the concepts

Dedicado a

Mi familia, los que están y los que extrañamos todos los días.

Los amigos que comparten mis locuras.-

****

En tiempos donde Bitcoin cobra mayor relevancia, este libro te permite sumergirte en su mundo y en el de todas las criptomonedas de **una manera simple y amena, pero no por ello menos profund**a.

Hoy los usos y aplicaciones de esta tecnología han excedido su concepción inicial de mero instrumento de cambio, revolucionando mundos tan diversos como el de los seguros, el intercambio de datos, las cadenas de suministro, las finanzas y la futurista Internet de las cosas.

Imprescindible lectura para no quedarse afuera de una revolución que llegó para quedarse.

****

Índice

Índice	5
Introducción	7
Capítulo 1. Despertando interés	9
Capítulo 2. Dinero Fiat	13
Capítulo 3. Breve historia del Bitcoin	15
Capítulo 4. Bitcoin y Blockchain	21
Capítulo 5. Descentralización, seguridad y escalabilidad	27
Capítulo 6. Protocolos de consenso	37
Capítulo 7. ¿Gastarlo o no gastarlo? Esa es la cuestión	61
Capítulo 8. Altcoins	65
Capítulo 9. Monedas estables o Stablecoins	69
Capítulo 10. Finanzas descentralizadas (DeFi) y centralizadas (CeFi)	73
Capítulo 11. Ejemplos de aplicaciones	81
Capítulo 12. Críticas al Bitcoin	89
Capítulo 13. ¿Cruzaremos el abismo?	95
Capítulo 14. Antes de Cripto, Después de Cripto	103
Capítulo 15. Teoría vs Práctica – Final	107
Bonus. Si te animas, primeros pasos en cripto (bono incluido)	109
Glosario	115
Sobre el autor.	139

Introducción

El presente libro tiene como propósito desarrollar de forma simple, sencilla y concisa, qué es y para qué sirve Bitcoin -y otras criptomonedas-, así como también los principios de la tecnología que subyace sobre estas monedas, Blockchain.

Cabe aclarar que el libro se encuentra libre de tecnicismos, es decir, no se desarrollarán conceptos matemáticos, de programación o demasiado específicos de la red, pero será lo suficientemente consistente para que el lector pueda introducirse en el tema de forma llevadera, sin necesidad de conocimientos previos.

El texto no representa un consejo financiero, sino que tiene la finalidad de que el lector pueda comprender rápidamente su objeto y descifrar por sí mismo si es algo digno o no de ser analizado con mayor profundidad.

Nota al lector: al momento de iniciar la escritura del libro (agosto de 2020) el precio de Bitcoin era de USD 9.500. Solo unos meses más tarde, se valorizó en más de 500 % hasta USD 60.000 y en junio de 2021, cuando cerraba el texto de este libro, se encontraba en valores cercanos a los USD 30.000, después de una brusca corrección.

Como se dice en el ambiente, un año en el espacio de las criptomonedas equivale a siete años en el mundo normal. Los eventos suceden muy rápido y desencadenan movimientos imposibles de frenar, lo que hace difícil plasmar todo lo acontecido durante este tiempo y mantenerse vigente.

Esto no quiere decir que sea tarde en absoluto: es el comienzo de la verdadera adopción.

¿Arrancamos?

Capítulo 1. Despertando interés

Hace algunos años —no tantos— no existía internet, WhatsApp, Facebook, etc. Tener información era un lujo. Muchas veces había que ir hasta la biblioteca de la ciudad o escuela, o comprar un libro particular para aprender sobre temas puntuales.

Hoy vivimos en un momento donde la información abunda: hay tanta que simplemente no la podemos procesar. Artículos, blogs, videos, diarios, redes sociales. Hay que elegir. Se hizo tan fácil googlear que pareciera que todo existe en internet y que la respuesta que pretendemos tiene que estar en la primera búsqueda, preferentemente corta y simple.

¿No te pasa últimamente que, si un texto parece largo a primera vista, lo descartás o leés entre líneas para tratar de captar la idea y decidir si vale la pena "dedicarle unos minutos" para continuar leyendo? ¿O que si te envían un audio de WhatsApp de algunos minutos, tu humor ya cambia porque sabés que te está ocupando un tiempo "valioso" en el que podrías estar haciendo otra cosa? ¿Que no hay tiempo para ver cómo funcionan las cosas: se prueba y se ve cómo sale?

El exceso de información y la falta de tiempo están permanentemente en disputa, poniéndonos a prueba sobre las elecciones que tomamos. Y no hay pausa. Siempre conseguimos encontrar algo que nos logra distraer y atrapar. El éxito de Facebook, Instagram, Twitter y Tik-Tok, entre otros, demuestra que preferimos consumir nuestro tiempo en algo más divertido y procrastinar todo eso que cuesta más (estudio, lectura, práctica, entrenamiento, etc.) y que sin dudas nos nutre y nos desarrolla más saludablemente.

Tener este libro en tus manos es una oportunidad de proponerte aprender algo nuevo, lo cual ya es un paso importante en este momento, donde queremos todo de forma instantánea, estar presente en varios lugares al mismo tiempo, viviendo nuestra vida y la del resto. Esto no va a ser instantáneo, pero será (o intentará ser) conciso y fácil de leer, para que decidas si estás para más o no.

Antes de desarrollar los conceptos principales del libro, quisiera poner un marco a lo que va a suceder en los próximos años. Muchas de las cosas tal como las conocemos hoy, nunca más serán iguales gracias al nacimiento de Bitcoin y fundamentalmente de su tecnología Blockchain.

¿Qué pensarías si te dijese que en un futuro muy cercano vas a poder ingresar a una clínica en la que nunca te atendiste y tu historial completo estará disponible en un click para que cualquier médico en cualquier lugar del mundo pueda contar con la información apropiada para atenderte?

¿Y si te dijera que vas a pagar el seguro del auto en la medida que lo uses y será facturado en tiempo real? Si estás manejando en la ruta a 100 Km/h, pagarás una tarifa más alta que cuando circules en una ciudad o pueblo sin mucho tráfico, y si el auto está estacionado, prácticamente no pagarás nada.

Ya existen hoy, pero serán de uso masivo los contratos inteligentes digitales, que se ejecutarán de forma automática y no necesitarán mediación o arbitraje, ya que estarán definidas las pautas bajo las cuales una parte debe pagarle a otra y en qué circunstancias.

¿Y si te confirmo que cuando vayas a un estacionamiento, tu auto podrá calcular el tiempo que permaneció en el lugar, y directamente realizará el pago de la tarifa correspondiente al local? Además, si encuentra calles en mal estado o con baches, podrá remitirle automáticamente la información al municipio para que puedan tomar acciones concretas y vos vas a ser retribuido por tu compromiso social.

Si querés conocer de dónde proviene un producto, podrás ver la cadena completa de su proceso desde el origen y de esta manera verificar su autenticidad. Y si tuvieses que pagarlo en el exterior o enviar dinero a un familiar o amigo, podrás hacerlo de forma prácticamente instantánea, eliminando días de gestión e impuestos por ineficiencia del proceso que hoy tenemos.

¿Y si te indicase que esto también resuelve el problema burocrático y de papeleo correspondiente a los procesos de escrituración de propiedades o patentamientos de autos?

También podrías comprar una fracción de un departamento en París por ejemplo, digamos 1 m2, y obtener una renta proporcional por su alquiler.

¿Y si tu ciudad fuese inteligente y pudiera gestionar de forma eficiente el tráfico, la recolección de residuos, el uso de la electricidad y el agua para beneficio de todos?

¿Asombrado o incrédulo? Estos son solamente algunos ejemplos de casos de aplicación, y si bien todo pareciera de ciencia ficción, te puedo asegurar que no lo es, y que estamos mucho más cerca de lo que nos imaginamos. Esta tecnología es un cambio de paradigma que, en conjunto con la realidad virtual, el internet de las cosas, la biotecnología, la inteligencia artificial y la computación cuántica, harán realidad la 4ª Revolución Industrial o la Industria 4.0.

Una vez comprendida la robustez de la Blockchain (o "cadena de bloques", tal su nombre en español), se abrirán escenarios que hasta hoy probablemente no estaban en tu consideración, y quizás te despierte curiosidad para conocer sobre un tema que tendrá un impacto enorme y masivo en el mundo. Un impacto aún mayor al de internet, que fue el eje de la 3ª Revolución Industrial.

Internet aceleró el proceso de globalización y nos hace ver hoy una realidad que ya no podemos dejar atrás. Cambió la forma en la que vivimos e interactuamos. La blockchain será el próximo paso y generará las herramientas que usaremos en un futuro cercano. Parece mucho, ¿no? ¿Y si así fuese y tuvieses la oportunidad de volver el tiempo atrás para aprovechar el inicio de internet nuevamente, lo harías?

Capítulo 2. Dinero Fiat

Antes de sumergirnos en el mundo Bitcoin, es necesario saber dónde estamos parados actualmente. Para ello, tenemos que comprender primero qué es el dinero Fiat.

Hasta 1971, el mundo se regía por el dinero fiduciario, que implicaba un respaldo de reservas en oro. De esta manera, una cantidad de dólares determinada podía ser cambiada por otra cantidad de oro, y la impresión de billetes por el banco central se mantenía en estricta relación a la disponibilidad de este metal. En 1970, Francia decidió comenzar a cambiar los dólares que disponía por el oro de la reserva de Estados Unidos. En breve, otros países tomaron una postura similar, lo que afectó seriamente la cantidad de oro disponible para Estados Unidos y, por ende, disminuyó la presencia e influencia de su moneda en el resto del mundo.

Por este motivo y sumado al creciente endeudamiento que la Guerra de Vietnam estaba provocando, el entonces presidente norteamericano Richard Nixon decidió poner fin a la convertibilidad del dólar, eliminando el patrón oro a nivel mundial. Desde ese momento, el dinero pasó de ser fiduciario (con respaldo en metales) a ser Fiat (dinero por decreto). Desde entonces, si bien se puede seguir adquiriendo onzas de oro por dinero Fiat de acuerdo con la oferta y demanda, los gobiernos pueden imprimir billetes de forma ilimitada sin tener un respaldo equivalente en oro.

Estos billetes, que no son más que el papel que utilizamos para realizar las compras diarias, llámese Peso Argentino, Dólar, Euro u otro, es la moneda que cada Estado o Comunidad imprime y promueve como medio de intercambio bajo ningún respaldo.

¿Te suena el tema de la impresión de billetes? ¿Y la inflación? En el caso de Argentina, hace años que convivimos con el tema y cada año que pasa hay una nueva promesa incumplida que apunta a solucionarlo. Sumado a un contexto de crisis económica y social producto de la pandemia COVID-19 a nivel global, la impresión de moneda parece haber sido una decisión unánime en la mayoría de los países y se está llevando a cabo de forma acelerada y en magnitudes nunca antes vistas.

Solamente a modo de referencia, Estados Unidos, la economía más grande el planeta, imprimió en 6 meses el equivalente a lo impreso en los últimos 11 años, y la expectativa es que esto siga creciendo.

Si bien este libro no apunta a dar una explicación formal de los procesos inflacionarios, es necesario aclarar que la evidencia indica que existe una relación directa entre la emisión ilimitada de billetes y el aumento de inflación, la consiguiente reducción del poder adquisitivo individual y, por ende, de la calidad de vida en todos los niveles de la sociedad.

Aquí nace la primera diferencia y punto clave entre el dinero Fiat y Bitcoin: nunca habrá más de 21 millones de Bitcoins. Desde la creación del protocolo se estableció la cantidad máxima de monedas que habrá en circulación y esto no podrá ser modificado. Para darnos una idea de la pequeña cantidad que esto significa, si distribuyéramos el total de las monedas de forma equitativa en la población mundial (estimada en 7.700 millones de personas), cada persona debería tener 0,00273 Bitcoin.

Antes de evaluar ventajas o desventajas entre el dinero Fiat y Bitcoin u otras criptomonedas, introduciremos otros conceptos que generarán un marco para poder apreciar las diferencias.

Capítulo 3. Breve historia del Bitcoin

En un contexto internacional marcado por la crisis financiera de EE. UU. y la decisión de rescatar a instituciones bancarias, que habían sido en primera instancia los responsables directos de la crisis, Bitcoin aparece por primera vez el 31 de octubre de 2008 en un correo sobre criptografía firmado por Satoshi Nakamoto.

Este documento o paper —disponible en la web bitcoin.org— detalla un sistema electrónico de pago entre personas (peer to peer o P2P), que elimina completamente a los intermediarios (bancos o agentes de control) y desarrolla un registro contable electrónico inmutable con todas las transacciones de la red.

El objetivo de Satoshi Nakamoto (pseudónimo de una persona o grupo de personas aún sin identidad revelada a la fecha) era claro: eliminar al tercero "de confianza" al momento de realizar intercambios de valor bajo este sistema.

Unos meses más tarde, en enero 2009, el software de código abierto y descentralizado se pone en marcha y comienza formalmente la red con el minado, proceso mediante el cual se van descubriendo y agregando a la red los nuevos Bitcoins. Probablemente en un futuro, veremos esta fecha en retrospectiva como el hito que dio origen a la Revolución 4.0.

Como toda tecnología disruptiva que quiebra esquemas vigentes, Bitcoin tuvo diferentes oleadas de personas que llevaron el estandarte, y con cada etapa hubo períodos de auge y caída. En primera instancia, la idea puede ser ligada a un anarquismo pacífico como propuesta de combate a la corrupción de los gobiernos e instituciones financieras. Eliminar al intermediario significa literalmente quitarle poder a los bancos y, al ser un mecanismo descentralizado, impide la regulación por parte del gobierno. El concepto bajo este movimiento es que el poder es del individuo, que es único, con necesidades y preferencias particulares que pueden ser compartidas o no, pero individuales al fin.

Esparciendo la voz entre académicos y entusiastas del modelo, la red fue creciendo, así como también la valorización de la moneda, que pasó de centavos hasta USD 22 (suba de 36.000 %; sí, tal como lo ves). Inmediatamente luego de este pico en 2011, aún existían muchas trabas para su adopción: la comunidad no crecía al ritmo necesario, era muy difícil realizar transacciones entre personas y tampoco existían comercios dispuestos a utilizar la moneda como instrumento de cambio. Esto produjo un enfriamiento y aletargamiento en la red con un declive del valor de la moneda del orden del 90 % (cayó hasta USD 2).

La posta la tomaron los "libertarios", corriente que persigue la defensa de la libertad del individuo en su sociedad, el derecho y el respeto a la propiedad privada. Dado que el libertarismo considera la intervención del Estado como un error, y que el libre mercado es la forma de regular eficientemente los recursos, los partidarios de esta filosofía vieron en Bitcoin un ideal a sus premisas: la eliminación del Estado como mecanismo de control y la posibilidad de que cada persona sea dueña de sus acciones. Este movimiento creció hasta su apogeo a fines de 2013, cuando el valor del Bitcoin subió hasta USD 980 (4.355 % desde el pico anterior). Lenta y prácticamente por las mismas barreras que las anteriormente mencionadas, las fuerzas de resistencia fueron mermando y durante el 2014, el Bitcoin cayó hasta un valor de USD 214 por unidad (caída del 80 % de su valor máximo). Durante estos períodos mucha gente se unió para conocer más del tema y muchos otros huyeron considerando haber hecho una de las peores inversiones de su vida.

Luego de meses de estancamiento, los especuladores comenzaron a ver el potencial. Nunca habían escuchado de un activo que pueda tener semejantes variaciones y el ratio beneficio/riesgo era sumamente atractivo. Por ejemplo, si hubieras invertido USD 100 en 2010, habrías tenido USD 36.600 en el pico máximo de 2011, pero también USD 3.300 sufriendo la crisis que llevó el valor del Bitcoin a USD 2 más tarde ése mismo año. Esto quiere decir que, en el peor de los casos, ¡habrías multiplicado tu inversión por 33! Y si no hubieses vendido, habrías tenido USD 1.630.000 en el pico de diciembre de 2013 o en el peor de los casos, USD 356.000 durante la caída de su precio hasta su mínimo.

Impresionante, ¿no? Todo por 100 USD. Eso es lo que pensaron los especuladores y entendieron que era su oportunidad para hacer una gran diferencia económica invirtiendo poco dinero, porque el beneficio obtenido podría ser increíblemente mayor al riesgo asumido. Así fue como comenzó la etapa en la cual creció el número de adeptos, operadores y también los Exchanges, o casas de cambio virtual, donde se podía comprar y vender Bitcoin. Esta oleada llegó a su apogeo a fines de 2017, cuando cada Bitcoin alcanzó a comercializarse a casi USD 20.000 y luego implosionó la burbuja hasta hacer que el precio retroceda a USD 3.000, casi un año más tarde.

A poco más de tres años desde el último pico, considero que estamos frente a una ola de curiosidad e interés a nivel mundial por el Bitcoin, Blockchain y otros criptoactivos (llamaremos así a cualquier activo digital similar al Bitcoin), que darán el puntapié a una nueva etapa y a la adopción a gran escala de esta tecnología. Muchos factores que antes fueron decisivos para que su afianzamiento no sea exitoso, hoy ya están virando a favor, y con fuerza.

La mayoría de los gobiernos del mundo que habían declarado ilegal las actividades relacionadas con las criptomonedas, hoy se encuentran en una carrera sin igual para lograr crear prototipos propios para utilizar en sus países, como es el caso de China.

Las caídas abruptas de las bolsas de todo el mundo como consecuencia del cese de la actividad comercial producto del COVID-19, hicieron que muchos bancos y fondos de inversión se alejen de la postura crítica que habían sostenido durante una década y se interesen por los criptoactivos. Tal es el caso de EE. UU., la primera potencia mundial: los bancos solicitaron y fueron autorizados por el Gobierno a poder efectuar la custodia de criptomonedas, lo que implica un cambio radical en el sistema.

Del mismo modo, esta pandemia marcará un antes y un después en la forma en la que transaccionamos con dinero Fiat. Numerosas compañías se han adaptado para facilitar los procesos de pagos y transferencias de modo de minimizar el contacto o intercambio físico, lo que mejoró sustancialmente las condiciones de higiene y salud y generó, al mismo tiempo, un ahorro de sus costos.

La emisión monetaria que afecta al dinero Fiat como reserva de valor por su efecto inflacionario está generando conciencia en las personas que buscan alternativas de ahorro e inversión. En países altamente inflacionarios como Argentina, Venezuela, Turquía, etc., los intereses por comprar criptoactivos está creciendo en forma exponencial por ser una vía de escape a la pérdida de poder adquisitivo.

A diferencia del 2017, cuando eran más las promesas que los resultados de los productos generados (se asocia con la burbuja de las ICO —Initial Coin Offering—), hoy la tecnología tiene usos prácticos probados que están mejorando sustancialmente actividades con marcados ahorros en costos y reducción de impacto ambiental. No estamos hablando solamente de poder enviar dinero en forma instantánea y con un costo mínimo a la otra punta del planeta, sino también una infinidad de casos de aplicación en la medicina, gestión de suministros, finanzas, gobernanza, documentación, entre otros.

Ya existen avances en países desarrollados, que forman puentes entre lo viejo y lo nuevo, y hacen posible que cualquiera pueda usar criptoactivos de forma fácil y hasta sin darse cuenta. Hoy se pueden realizar las compras en un supermercado con criptomonedas y hacer que el establecimiento reciba directamente el dinero Fiat gracias a la conversión automática que realiza la tarjeta. Vos comprás con cripto y el mercado recibe la moneda que prefiere de forma instantánea.

Por todos estos motivos, y considerando que los gobiernos y las grandes instituciones ya dejaron de mirar de reojo al espacio de las criptomonedas y están cada vez más interesadas en no perderse la próxima jugada (o, probablemente, una tajada de los posibles beneficios), el terreno está mejorando significativamente sus condiciones para cruzar el abismo de la innovación y formar parte del día a día de todas las personas y máquinas del mundo.

La historia nos permite entender que en el pasado todavía no estábamos listos para esta tecnología. Podemos tomar 100 personas al azar y preguntar cómo funciona internet, y probablemente 95 de ellas den una respuesta equivocada o muy deficiente. El asunto es que no es necesario saber cómo funciona para poder aprovechar las ventajas que nos ofrece. Las criptomonedas todavía no llegaron a ese punto, pero falta poco. Cuando eso suceda no habrá vuelta atrás.

Hoy, alguien realmente empapado en el tema sería un necio en indicar que la tecnología no va a favorecer y mejorar sustancialmente las cosas tal como las conocemos. Es cuestión de tiempo, y todavía no es tarde para interiorizarse y aprovechar la ola. ¿No te lamentás de haberte "perdido la oportunidad" de comprar acciones de Amazon o Google en sus inicios?

Lo interesante —y que considero más relevante en esta oportunidad— es la asimetría en la inversión. Todas tienen un riesgo asociado y un posible beneficio que será menor o mayor de acuerdo con lo que estamos dispuestos a asumir. Pero hay inversiones en este espacio que tienen el potencial de otorgarnos la independencia financiera, mientras que en otros casos, simplemente serán un buen negocio con el que ganamos algo de dinero.

De una forma similar a lo que sucedió con Bitcoin en el ejemplo de los USD 100, sucederá indefectiblemente lo mismo con aquellos criptoactivos que logren demostrar su valor agregado y se conviertan en los que la gente elija para utilizar en el día a día, como sucedió con WhatsApp.

También es necesario aclarar que, al ser un mercado en etapa de desarrollo, existen muchas más posibilidades de perderlo todo en comparación con el mercado tradicional. Por este motivo, un consejo repetitivo en el espacio de las criptomonedas es que no inviertas más de lo que podés asumir como pérdida.

Ahora la pregunta es, si pudieras invertir algo que en el peor de los casos se pierde pero no modifica tu situación personal, y por otro lado existe la posibilidad de que dicha inversión se multiplique por 10 o más y genere intereses, ¿lo pensarías?

Capítulo 4. Bitcoin y Blockchain

¿Qué es el Bitcoin? El Bitcoin es una moneda virtual descentralizada que se rige por un protocolo de código abierto (un software de computación) y cuyo valor depende de la oferta y la demanda. No tiene respaldo, al igual que el dinero Fiat. Para pasarlo a lenguaje extremadamente simplista, es una moneda electrónica que no depende de Gobiernos o Bancos, y su emisión está limitada a 21 millones de monedas. No existe físicamente como el papel del dinero Fiat o el lingote de oro, pero se puede utilizar de la misma manera que ellos para realizar transacciones comerciales.

¿Una moneda virtual? ¿Es decir que no la puedo tener en mi billetera o en una caja fuerte? ¿No depende de ningún Estado? ¿No la regula ningún banco? ¿El valor depende de la gente? ¿La puedo usar para comprar cosas? ¿Si le deja de interesar a la gente puede valer 0?

Me imagino que estas y muchas más pueden ser las preguntas que están surgiendo en este momento, y es lo mejor que puede pasar. Si bien Bitcoin tiene 12 años, se estima que menos del 1 % de la población mundial tiene conocimientos sobre el tema, con lo cual estamos todavía en una etapa muy temprana para interiorizarnos y animarnos a conocer algo nuevo.

Esta tecnología es disruptiva y, como tal, necesita tiempo para que podamos procesarla y que decante. Por esto es que vamos a ir despacio y tratando de simplificar el lenguaje, de modo tal que cada uno pueda ir deduciendo o respondiendo sus propias consultas. Comencemos.

¿Cómo funciona? Apelemos a las imágenes para hacernos más fácil este entramado. Imaginemos un dominó de fichas paradas y equidistantes. Esto será para nosotros una cadena de bloques o blockchain. Cada ficha o bloque contendrá escrito en su interior el historial de las transacciones realizadas en la red durante un período determinado, y la cadena completa guardará la historia de las transacciones desde la génesis (el primer bloque que contiene las primeras transacciones) hasta el último bloque concebido. El protocolo de Bitcoin ajusta automáticamente la complejidad del sistema para la generación de nuevos bloques de modo tal de que estos se generen cada 10 minutos en promedio. Cada nuevo bloque se ubicará al final de la cadena llevando consigo las últimas transacciones realizadas durante el período de tiempo especificado, para luego comenzar nuevamente con la generación de otro bloque y continuar así sucesivamente.

Es entonces como si fuese una máquina, que cada 10 minutos agrega una nueva ficha al final del camino haciendo la cadena cada vez más larga. Es importante tratar de lograr una imagen mental del proceso, porque es lo que nos va a permitir entender con conceptos más simples dada la complejidad del sistema.

Ahora imaginemos que en cada ficha de dominó, en lugar de los puntos que hacen referencia a los números, se encuentran registradas todas las transacciones realizadas en la red en un período determinado indicando fecha, hora, origen, destino y cantidad de Bitcoins transferidos. En la ficha siguiente, se encuentran todas las transacciones que sucedieron inmediatamente después de la última del bloque anterior sin dejar ninguna afuera, y así sucesivamente. De esta forma, la cadena completa del dominó tiene la historia completa de circulación de los Bitcoin, como si fuese un libro contable mundial que actualiza su balance cada 10 minutos.

Considerando que el primer bloque de la cadena Bitcoin (génesis) fue generado en enero de 2009 y el protocolo establece un tiempo promedio entre bloques de 10 minutos, a la fecha llevamos más de 680.000 bloques (o fichas de dominó). ¿Podés imaginártelo uno al lado del otro y toda la información que contienen?

Recapitulando, entonces, Bitcoin es una moneda virtual descentralizada, no controlada por Estados o Bancos, que sirve como medio de pago para operaciones comerciales y donde la información de todas las transacciones que se realizan queda grabada en bloques y no puede modificarse. Cada 10 minutos aparece un nuevo bloque en la red con la información de las últimas transacciones y así, indefinidamente.

¿Quién es el encargado de colocar la nueva ficha al final? ¿Por qué estaría interesado en hacerlo y continuar con el proceso de la red? Aquí aparece por primera vez el concepto de "minero". Ellos son quienes hacen este trabajo y su interés está dado porque tienen un beneficio por hacerlo: su recompensa cada vez que agregan una ficha adicional es una cantidad definida de Bitcoins y las comisiones que deben pagar estas transacciones para ingresar al bloque.

La red utiliza un protocolo llamado Proof of Work (Prueba de Trabajo - PoW), en el que los actores que realizan esta tarea —a los que llamaremos "mineros" de ahora en adelante— deben realizar un trabajo para ser recompensados. Este trabajo consiste en resolver un problema criptográfico de dificultad generalmente creciente realizando cálculos con la potencia de sus computadoras. Simplificando, las computadoras iteran y prueban de forma aleatoria diferentes números (millones por segundo). Aquel que logre descifrar la respuesta correcta será el privilegiado de cargar las últimas transacciones realizadas en la red en un nuevo bloque, y recibirá la recompensa en Bitcoins por su trabajo.

Para la imaginación, sirve como ejemplo pensar en alguna película de Hollywood en la que una computadora descifra un código y abre una bóveda. Pero, a diferencia de la bóveda, que tiene un premio físico que a priori se desconoce, el premio de los mineros que ya se encuentra definido en el código desde el inicio de la red: consiste en 50 Bitcoins por bloque minado, y se va reduciendo a la mitad cada 210.000 bloques en la red. En noviembre de 2012 la recompensa se redujo a 25; en julio del 2016 bajó a 12,5, y al momento de la redacción de este libro, la recompensa era de 6,25 Bitcoins, ya que superamos los 630.000 bloques en la cadena en mayo de 2020.

Este proceso de reducción de recompensa se conoce como halving y sucede aproximadamente cada cuatro años. Es un evento importante, ya que la reducción de la generación de nuevos Bitcoins limita la oferta y en caso de que la demanda se mantenga, el precio sube.

En este caso, podemos hacer una analogía con la extracción de oro. Al comienzo, los mineros utilizan sus picos y palas y consiguen descubrir oro de forma relativamente fácil y en grandes cantidades, ya que se encuentra en las primeras capas de la montaña, pero en la medida que se avanza en la búsqueda, se requiere mayor cantidad de energía y tiempo para encontrar nuevas pepitas de oro. En la red de Bitcoin, si bien siempre se tarda el mismo tiempo en promedio para generar un nuevo bloque, la dificultad es cada vez mayor y, por ende, se requieren equipos cada vez más potentes para realizar minería, cuando al principio, bastaba el uso de una computadora personal.

¿Algo no cierra? ¿Cada vez es más difícil, se requiere mayor cantidad de equipos y recursos, y la recompensa de Bitcoins es más baja? Es correcto. No olvidemos que Bitcoin tenía un valor de centavos de dólar en 2009 cuando se podía minar desde el living de tu casa y al momento de publicación de este libro está cotizando a aproximadamente USD 30.000 cada uno. Existen empresas de minería que tienen "granjas" de minado (en lugar de gallinas amontonadas, tienen equipos especialmente fabricados para esta tarea). La recompensa del minero que resuelve el problema cada 10 minutos es de aproximadamente USD 187.500 (6,25 BTC × USD 30.000), dinero que sirve, entre otras cosas, para compensar la infraestructura y los costos de energía, punto relevante en la discusión sobre la sostenibilidad de la red que veremos más adelante.

Si hubieses minado desde tu casa en 2009 y conseguías la recompensa de 50 Bitcoins por un solo bloque, hoy tendrías USD 1.500.000. Si bien esto es cierto, también es probable que no te hubieses imaginado que la red iba a tener la repercusión que logró durante estos 12 años de vida. De hecho, el 22 de mayo de 2010, Laszlo Hanyecz pagó 10.000 BTC por dos pizzas, en el evento que se considera como la primera transacción en la historia de la red (este hecho se homenajea año tras año como el Bitcoin Pizza Day). En esa fecha se calculaba el valor total de los 10.000 BTC en USD 30, cuando actualmente representarían ¡USD 300.000.000!

Estos mineros que realizan el trabajo de descubrir los nuevos bloques y registrar la información de las transacciones en la red —en conjunto con los usuarios del mundo que apoyan y creen en el sistema Bitcoin y decidieron por su cuenta tener un nodo o servidor donde almacenan esa información actualizada (sin tener ninguna recompensa a cambio)— son los que generan la robustez y seguridad al sistema. Actualmente hay más de 10.000 nodos que comparten la información de todas las transacciones realizadas en la historia del Bitcoin.

¿Los mineros son los únicos que tienen Bitcoins, entonces? No, ellos con su trabajo logran desbloquear los Bitcoins y después pueden decidir si guardarlos o comercializarlos en el mercado, donde cualquiera puede comprarlos. A menos que tu intención sea "minar" Bitcoin (no recomendable a esta altura por la inversión que conlleva), comprarlos en el mercado es la única opción para tener una porción de esta moneda. La transacción se realiza con dinero Fiat de un modo similar a las acciones y los bonos.

En América Latina el desarrollo de empresas que ofrecen este servicio fue creciendo en los últimos años dado que mucha gente comenzó a interesarse como alternativa al contexto inflacionario y la pérdida de valor de la moneda local.

Históricamente Bitcoin ha sido una opción de reserva de valor más fuerte que el Bolivar, el Peso Argentino o el Dólar. En los 12 años de historia de Bitcoin, aquel que haya comprado y mantenido sus Bitcoins hoy estaría en ganancia en prácticamente el 99 % del tiempo, y siempre con rendimientos muy superiores a un plazo fijo o simplemente la compra de dólares.

Aun así, cuando muchas personas comienzan a considerar o preguntar sobre Bitcoin, la primera limitación se presenta al momento de conocer su precio y lo imaginan fuera de su rango. Hoy tiene el mismo valor que un auto 0 Km de alta gama, con lo cual muchos lo ven como una inversión inaccesible. Lo que muchos no tienen en cuenta es que el Bitcoin se divide en 100.000.000 de partes llamadas Satoshis (en honor a su creador), y uno puede comprar y vender fracciones muy pequeñas de Bitcoin.

Suponiendo que realmente despierte una curiosidad, ¿para qué serviría ser dueño de una fracción de Bitcoin? Simplificando el asunto sería algo similar a la compra de una acción en la bolsa con la consideración de que al comprar Bitcoin se está adquiriendo una fracción de lo que hoy es considerado como oro digital y que este podrá ser utilizado para adquirir bienes y servicios o para guardar como reserva de valor.

El pasado 11 de agosto de 2020 la empresa MicroStrategy, cuyo valor de mercado era de 1.200 millones dólares, anunció la inversión de USD 250 millones para la compra de Bitcoin como activo de reserva y cobertura ante la inflación. Casi un año más tarde, a Junio 2021, la empresa tuvo un crecimiento a 5.400 millones de dólares de capitalización principalmente debido a su rol precursor en el espacio de las criptomonedas. Claramente esta no es la primera empresa o fondo de inversión que realiza compras de Bitcoin, pero que la mayor empresa de software de inteligencia de negocios del mundo lo haga en dicho momento, poniendo en juego gran parte de su capital (en ése momento era casi un 20 % de su valor de mercado), y que declare públicamente las razones de su accionar, es algo que atrae la atención del resto de los jugadores. En su comunicado, Microstrategy indicó que consideran que Bitcoin es un depósito confiable de valor y un activo de inversión atractivo superior al efectivo, y en consecuencia lo han convertido en su apuesta principal. Desde ése momento, el CEO de la empresa -Michael Saylor- se convirtió en uno de los más fervientes defensores de Bitcoin y lo que representa. El tiempo dirá si fue una buena iniciativa o no, pero uno entiende que en esta clase de empresas, decisiones como estas no se toman a la ligera, lo que alimenta la idea sobre la superioridad y, por ende, el valor de Bitcoin sobre el dinero Fiat de hoy hacia adelante.

Capítulo 5. Descentralización, seguridad y escalabilidad

La famosa regla de las 3B (Bueno, Bonito y Barato) aplica a las criptomonedas bajo otro trilema: descentralización, seguridad y escalabilidad. Por eso, dedicaremos un breve capítulo a estos conceptos, que suelen ser los más intrincados de comprender considerando nuestros conocimientos de lo que es natural a la fecha y, sobre todo, por la sensación de fragilidad que solemos sentir cuando hablamos de seguridad en el mundo informático.

Como hemos mencionado anteriormente, la descentralización implica que no hay un dueño de la red. El Gobierno no puede determinar si aumenta el tamaño de los bloques, el banco no puede imprimir más Bitcoins para agregar al sistema, etcétera. La red es controlada y mantenida por la comunidad.

A diferencia de un Gobierno, un banco o una empresa particular, cuya cúpula toma generalmente decisiones y realiza cambios de rumbo de acuerdo con el contexto, con los acontecimientos o por afinidad de partidos políticos, Bitcoin se mantiene inmutable a los principios esenciales: 21 millones de monedas totales, un nuevo bloque con las transacciones realizadas cada 10 minutos en promedio, reducción de recompensa cada 210.000 bloques en una red descentralizada.

Cada uno de los nodos o servidores que lleva actualizada toda la información (desde el primer hasta el último bloque) son los encargados de validar que se respetan las condiciones del protocolo y que no hay malos actores que puedan perjudicar la red. Cualquier persona del mundo puede correr un nodo en su computadora y ser parte de la red manteniendo toda su información.

Lo que pasa dentro del sistema, que parece la Matrix misma, es lo que genera miedo, incertidumbre o desconfianza. El desconocimiento y la complejidad nos aturden y a veces decidimos no exponernos. Afortunadamente, este código tiene probado sustento lógico y matemático en el que no ahondaremos, pero diremos que en caso de que algún participante intente hacer algo no permitido, los nodos restantes notarán su accionar y omitirán el contenido que desee enviar.

Esto significa que los nodos por sí mismos pueden llegar a un consenso y que este es a prueba de errores, ya que tiene resuelto el llamado "dilema de la tolerancia bizantina".

En 1982 se realizó este planteo conocido también como "el problema de los generales bizantinos", en el que la consigna indicaba que un ejército bizantino rodeaba a una ciudad enemiga en diversos puntos, y los generales debían definir si atacar o replegarse de forma uniforme para tener éxito, sospechando que entre sus filas había al menos un traidor que podría modificar el mensaje entre las tropas y provocar el fracaso del plan. Cuando el general de mayor rango enviara su mensaje al resto de las tropas, indicando atacar o replegarse, ¿cómo saber si alguien no lo manipularía antes de que todos recibieran la orden? Si solamente un teniente lograse hacer creer a otro un mensaje equivocado, podría poner en riesgo la operación.

No es solo un problema teórico. En nuestra vida diaria también suceden este tipo de situaciones en las cuales debe llegarse a un consenso sobre un determinado problema, aun teniendo diferentes puntos de vista, y necesitamos que el resultado no sea saboteado. Un debate entre pares puede terminar en una acción individual definida que no esté en línea con lo acordado. Un partido de fútbol puede terminar con la balanza inclinada porque algún jugador tiene un objetivo diferente al planteado por su "general".

Este problema puso en la lupa que aun teniendo un sistema informático con muchos nodos (recordemos que Bitcoin tiene más de 10.000), puede que alguno presente una falla o un comportamiento maligno y es imprescindible que el resto lo note y pueda aislarlo para que no perjudique a la red.

El mayor obstáculo en este tipo de protocolos es garantizar la eliminación del gasto doble (double spend problem). Esto significa que no haya chances de gastar el mismo dinero dos veces. Para ejemplificar el caso en el mundo Fiat, es como si pudieras ingresar en el homebanking de tu banco, realizar una compra e inmediatamente después volver a usar esa misma plata para comprar otra cosa sin que nadie se dé cuenta. Claramente no lo vas a poder hacer, porque ni bien realizás la compra, el banco, que es quien centraliza la información sobre cuánta plata hay en cada cuenta, te deduce inmediatamente lo que gastaste.

En el caso de la red de Bitcoin, todas las transacciones son registradas en bloques y son validadas por los nodos de la red. Algún actor malicioso podría realizar una transacción en Bitcoin, hacer creer al destinatario que tiene el dinero en su poder y luego inmediatamente intentar borrar la transacción del bloque para volver a hacerse del dinero, manteniendo el producto comprado. Pero para lograr esto debería generar consenso en el 51 % de los servidores y, más importante aún, ser la persona que logre minar ese bloque para poder escribir el contenido allí. Los costos de energía e infraestructura necesarios para hacer esto tornan prácticamente impracticable este escenario, además de que, con los perfeccionamientos en el código, el sistema podría detectar en cuestión de segundos este comportamiento y desestimar el bloque en cuestión. Si, además, el bloque que desea modificar no es el último de la cadena, la posibilidad de hacerlo disminuye exponencialmente. En informática, la solución al dilema de los generales bizantinos implica que a pesar de que puedan existir traidores, será posible aislar su accionar y que el resultado arribado tenga consenso de los actores leales. Por este motivo hablamos de la seguridad de la red y su robustez. En sus 12 años de historia, el protocolo Bitcoin nunca fue hackeado o puesto en riesgo y las transacciones y generaciones de nuevos bloques nunca se frenaron.

Sin embargo, es muy importante distinguir entre la red y la custodia personal de los Bitcoins. Lo último depende exclusivamente del cuidado y la responsabilidad de uno mismo, no de la red. Cuando uno atesora dinero, uno puede elegir si depositarlo en su caja de ahorros, en una caja de seguridad o bien debajo del colchón de su casa. Algo similar ocurre con el Bitcoin, y cada persona debe decidir dónde quiere tenerlos guardados.

Durante la historia del Bitcoin existieron muchos hackeos, pero nunca una vulnerabilidad al sistema. Esto quiere decir que los robos se perpetraron contra casas de cambio virtual ("Exchanges" de ahora en adelante) o contra personas individuales mediante phishing o scams, que son acciones fraudulentas para obtener información personal y poder obtener un provecho.

En el caso de phishing o suplantación de identidad, es muy común recibir correos electrónicos de personas o empresas que pretenden hacerse pasar por conocidas y solicitan información o nos piden descargar algún archivo que representa el "caballo de Troya" que el atacante necesita para ingresar a nuestro sistema y buscar información sensible que le sirva para cometer el delito.

También son muy comunes los scams o engaños. En julio de 2020, Twitter sufrió un hackeo masivo a múltiples cuentas de influencers y celebridades, que supuestamente iban a donar miles o millones de dólares y que si sus seguidores querían recibir una parte, debían enviar dinero a una dirección de Bitcoin para poder recibir el doble en pocos minutos. Los latinoamericanos (especialmente el argentino) tenemos la desconfianza a flor de piel, y este tipo de engaños nos resulta relativamente fácil de detectar. Sin embargo, parece que hay otras culturas un poco más confiadas, porque con este scam los hackers pudieron recaudar más de USD 100.000 con alrededor de 400 transferencias. Estas personas, que claramente perdieron sus fondos, decidieron creer una promesa de pago en lugar de analizar la situación. Si alguien quisiera donar, ¿por qué te pediría que primero le hagas un depósito? ¿Por qué directamente no me solicita mi CBU o dirección de Bitcoin y me transfiere?

Este hackeo evidenció públicamente y en forma masiva dos cuestiones: primero, que al ser un sistema centralizado y existir un único punto de falla, Twitter es vulnerable (se hicieron con las cuentas de múltiples personas en instantes, como si tuvieran un modo Dios para controlar Twitter) y segundo, solicitaron pagos en

Bitcoin (no en dólares o euros) ya que es un medio de intercambio ágil, sin fronteras y que no requiere identificación. Podemos saber exactamente cuántos Bitcoins hay en cada una de las billeteras virtuales que existen, pero no podemos saber quién es el dueño de cada una.

Por este motivo muchas personas critican a Bitcoin por su naturaleza: indican que es la moneda utilizada para casos de corrupción o actividades ilegales. Basta solamente razonar que hasta el 2009 no existía Bitcoin, y que en todo el mundo existen actividades ilegales y corrupción desde que el hombre decidió utilizar el oro como moneda de pago (¡y seguramente desde que el hombre es hombre!), así como también complejos entramados para el lavado de dinero Fiat. Bitcoin simplemente se está convirtiendo en un rival de peso para el mundo de las finanzas, que ve en él una amenaza. Aquellos que desde hace años vienen criticando o poniendo trabas, hoy se están dando cuenta de su potencial, y cuando uno ingrese al juego, el resto caerá en cascada. Como dato de color, hace sólo dos años el presidente de uno de los bancos más grandes de Estados Unidos (JP Morgan Chase) calificó a Bitcoin como un "fraude" y actualmente no solo están buscando la forma de integrarlo a su línea de productos, sino que lo equipararon al oro y estimaron que podría valer USD 130.000 en el largo plazo.

Otros casos de descuido y pérdida de activos ocurren cuando el usuario pierde la clave y/o el disco externo donde guarda sus monedas, o bien pierde u olvida su clave para ingresar a su billetera digital. A diferencia del banco tradicional, que tiene un centro de atención telefónica y nos permite generar nuevamente la clave o hacer los trámites para recuperar la cuenta, en el mundo de las criptomonedas el responsable de la información es uno mismo, y la recuperación de activos no es simple.

En el caso de un banco, si alguien pudiera robar una clave de homebanking y lograra realizar una transferencia, sería muy fácil encontrar al destinatario y eventualmente los fondos podrían ser recuperados. En el caso de la billetera digital descentralizada, si alguien lograse ingresar a tu cuenta y realizara una transferencia, podría verificarse claramente hacia qué dirección se transfirieron los fondos (recuerden que todos los registros quedan grabados en los bloques de la red), pero no hay forma de saber quién es el dueño de esa dirección y por ende sería muy difícil descifrar quién perpetró el robo. Prácticamente no habría modo de recuperar los fondos. Por este motivo, los recaudos de seguridad en las billeteras digitales descentralizadas son mayores.

También existen empresas centralizadas que custodian nuestras criptomonedas y es posible recuperar la clave si se olvida o pierde, debido a que debemos realizar algunos pasos previos para el alta de nuestra cuenta que incluyen datos personales y documentos que respaldan nuestra identidad. De este modo, en caso de necesitar recuperar la clave de acceso, deberemos ponernos en contacto con la empresa, demostrar que somos nosotros los dueños con los documentos proporcionados y pasar algunas pruebas de seguridad, y recién ahí podremos acceder a nuestros fondos. Es decir, funcionan de una forma similar a un banco tradicional, pero con criptomonedas y sin oficinas físicas en todas las ciudades. La cuestión es que, si estas empresas sufren un hackeo, pueden perder tus fondos y probablemente no tengan cómo reponerlos, como ha sucedido en algunas oportunidades con diferentes exchanges. De ahí viene la famosa frase en el mundo cripto, "not your keys, not your coins" ("si las claves no son tuyas; tampoco las monedas"), que implica que si tu dinero está en una billetera centralizada, en realidad no es tu dinero. Aquel que realmente tiene control absoluto sobre sus monedas (para bien o para mal) es quien tiene una billetera descentralizada.

Sea que elijamos la opción descentralizada o centralizada , tenemos que ser especialmente cuidadosos de no tener la información relacionada a nuestra clave disponible en nuestros celulares o computadoras (ya que puede ser visible para alguien con acceso a nuestra computadora). Es recomendable tener escrita la clave en papel y guardarla en más de una ubicación. También es fundamental tener activados los mecanismos de seguridad 2FA ("doble factor de autenticación") de Google o Microsoft en el celular, donde un número aleatorio de 6 cifras cambia cada 30 segundos y, en conjunto con tu clave, te permite ingresar a tu cuenta. Existen adicionalmente otras capas de seguridad, pero para la profundidad de este libro, diremos que estas medidas son suficientemente buenas para quienes se inician en el tema.

Para muchas personas la centralización del sistema es sinónimo de seguridad. Saber a quién le puedo golpear la puerta o reclamar suele dejarnos más tranquilos y es comprensible. Pero cuando se presentan los escenarios donde nos vemos imposibilitados de retirar nuestros fondos, tenemos límites impuestos para operar, tenemos que contactarnos para autorizar gastos con nuestro propio dinero o bien nos aparecen consumos desconocidos luego del robo de información de la tarjeta, la idea de descentralización comienza a germinar. El proceso es lento y con bastante resistencia al cambio (sobre todo en generaciones mayores), pero eventualmente, cuando las condiciones estén dadas para que la utilización de estos sistemas no esté cubierta de miedos o incertidumbres, veremos cómo la gente vierte de a poco sus fondos en el sistema descentralizado.

Consejo para elección de un sistema u otro: si sos estructurado, prolijo y cuidadoso con tu información sensible y tenés un gran cuidado con tus inversiones y cuestiones de valor, probablemente sea mejor que optes por una billetera descentralizada para que seas tu propio custodio y no tengas que depender de nada ni nadie. Por el otro lado, si sos olvidadizo, un poco desordenado y te tomás más a la ligera el resguardo de la información y el control de tus inversiones, seguramente sea mejor una billetera centralizada que ya tenga trayectoria y el mejor desarrollo en cuestiones de seguridad del mercado. De esta forma vas a tener que confiar en la empresa elegida y saber que aun perdiendo la información clave, vas a poder volver a tus fondos. Si no sos ni uno ni otro, sugiero que dividas tu inversión y tengas ambas billeteras para no tener todos los huevos en una canasta. Se comentarán algunas opciones más adelante.

Por último, el concepto de escalabilidad es sumamente importante para que la adopción pueda ser en forma masiva. De poco sirve tener un sistema seguro y descentralizado, pero que se satura cuando muchas personas lo usan. Hoy, con un uso bastante limitado en todo el mundo, la red de Bitcoin tiene aproximadamente 300 mil transacciones por día, lo que equivale a 3,5 transacciones por segundo. Como referencia, Visa procesa más de 1500 transacciones por segundo. Como se puede apreciar, hay una diferencia considerable de capacidad de procesamiento y si bien las transacciones en la red Bitcoin fueron creciendo y se esperan mejores resultados mediante mejoras en el código, la realidad es que la escalabilidad es su principal debilidad y razón por la cual miles de criptomonedas alternativas se han creado desde 2010 para intentar resolver esta situación.

El uso creciente de Bitcoin supone un problema, dado que cada bloque de la cadena tiene un tamaño máximo y por ende son finitas las transacciones que puede albergar. Esto quiere decir que, si se completa la capacidad, muchas transacciones tienen que esperar su turno para poder entrar en el próximo bloque.

Para pasarlo a un ejemplo claro, una cosa es dirigirse a una gran ciudad manejando en la autopista despejada a las 3 de la mañana; otra es maniobrar cuando comienza el día y todos necesitan llegar a su trabajo, y otra muy diferente es cuando hay embotellamientos que no permiten avanzar por algún accidente. En esta última instancia primero pasa la ambulancia, rescatistas, bomberos, policías y luego los transeúntes desde el carril menos afectado hasta el más afectado.

De un modo similar, pasa con la red de Bitcoin: dependiendo de su tráfico y la importancia de nuestra transacción (léase, el monto que transferimos y su comisión) tendremos una prioridad u otra que determinará en qué momento se procesa nuestra transacción. Sugiero con énfasis visitar el sitio web https://txstreet.com/ para ver en vivo las transacciones de la red y poder pasar a imágenes comunes el tráfico como si fuera una estación de subtes, donde hay prioridades y colas. En esta página se podrán ver todas las transacciones que se van generando en la red como si fueran una persona y cómo realizan una fila para ingresar en el próximo colectivo (bloque). Algunas personas querrán reservar su asiento en el colectivo que sale inmediatamente pagando más comisión por su transacción, mientras que otras no están apuradas y subirán al colectivo cuando sea su turno según su posición en la fila. Esto implica que no sabemos a ciencia cierta qué tan rápido será procesada nuestra operación, sino que tendremos un estimado de acuerdo al tráfico del momento.

Lo que en 2009 nació como un experimento, evolucionó para convertirse en la red descentralizada más grande que existe, con sus fortalezas y también con sus debilidades. Claramente, dependiendo del uso que realmente la comunidad le otorgue a Bitcoin, podrá ser o no una limitación para su crecimiento.

Luego de validado el modelo, investigadores, programadores y emprendedores de todo el mundo se unieron a la competencia de generar una nueva red que tome todas las lecciones aprendidas y las mejore para poder ser más fuertes que Bitcoin, y así lograr dominar el espacio de intercambio de valor a través de las criptomonedas. Para tener una referencia, actualmente existen más de 6000 monedas diferentes adicionales al Bitcoin, y el número crece día a día. Es altamente probable que el 99 % falle, ya que compiten en segmentos similares y no existirá necesidad de que hagan lo mismo. Al igual que en la burbuja de las .com, solamente sobrevivirán las más fuertes y que generen un valor genuino al usuario, mientras que el resto desaparecerá.

¿Cuándo sucederá esto? Como se explica en innovación: no se dará hasta que logremos cruzar el abismo, y la utilización de estas monedas y plataformas tenga verdadera adopción. Como mencionamos al inicio del libro, hoy se considera que cerca del 1 % de la población tiene conocimientos consolidados del tema. Este número crecerá lentamente hasta que llegue al resto de las personas de forma masiva a través de los medios o se imparta conocimiento en las escuelas o universidades. Hoy todavía estamos en una etapa temprana, ideal para entenderlo y aprovecharlo.

Encontrar aquellas criptomonedas que logren mantenerse y crecer es el verdadero desafío. Hacerlo hoy podría ser equivalente a haber encontrado a Google, Amazon o Facebook en sus inicios y haber apostado por ellos. Entender esto ahora te dará la oportunidad de ver algunas jugadas que van a suceder más adelante y así tener una ventaja sobre el resto, como en el ajedrez. Más allá de la posibilidad de invertir en Bitcoin o en otras monedas, vas a poder entender que estos cambios van a moldear la economía global y quien esté preparado, podrá tomar decisiones hoy que van a dar frutos en el futuro: nuevas necesidades surgirán y muchos negocios deberán reestructurarse o se extinguirán.

Capítulo 6. Protocolos de consenso

Además de tener resuelto el trilema explicado en el capítulo anterior, para que cualquier red subsista en el tiempo, debe tener un protocolo de consenso (piedra angular de cualquier proyecto) que le permita tomar decisiones que siempre actúen en el mejor interés de esa comunidad. Esto significa poder tomar definiciones sobre cuestiones propias de la red, así como también ser capaz de eliminar acciones de malos actores que quisieran perjudicar la red. Hay numerosos protocolos de consenso, pero en este libro ahondaremos solamente en PoW (Proof of Work – Prueba de Trabajo) y PoS (Proof of Stake – Prueba de Participación), que son los más importantes.

Bitcoin trabaja bajo PoW, punto por el cual recibe críticas de sus detractores. El uso de este protocolo implica realizar un trabajo específico para ser merecedor de una recompensa o validación de la red (minado). Por la naturaleza de este protocolo, la complejidad de resolución de problemas y validación de bloques se ajusta automáticamente con una tendencia ascendente en el tiempo. Esto implica que cada vez es más difícil realizar actividades de minado y los equipos quedan obsoletos rápidamente. Esto, a su vez, conlleva inversiones de gran escala y un elevado consumo energético, lo que hace que queden los más aptos (desde el punto de vista económico) como únicos supervivientes. Los mineros eficientes logran desprenderse de una porción de los Bitcoins generados para afrontar sus costos y ser rentables, mientras que los otros deben cubrir pérdidas de su propio bolsillo hasta mejorar sus condiciones o desaparecer del juego. Para darnos una idea de magnitud, de acuerdo con el Cambridge Bitcoin Electricity Consumption Index (CBECI - https://cbeci.org/) se estima que el gasto energético de las granjas de minería de Bitcoin en todo el mundo equivale al consumo de diez plantas nucleares. Esto implica que la red tiene un gasto energético mayor al de muchos países enteros.

Actualmente hay menos de veinte empresas que se dedican a la minería de Bitcoin en gran escala, y será el precio del Bitcoin el que defina si ese número crecerá o decrecerá. Si el número de mineros cae, aumentan las chances de que uno o un grupo reducido de pools de minería en conjunto tengan más del 51 % del poder de minado, lo que presupone al menos un riesgo al modelo (ya que podrían agruparse y atacar el sistema, que sería más vulnerable). Si minar Bitcoin se torna rentable, más empresas apostarán por hacerlo, dando mayor participación en el minado y estabilidad al sistema.

PoS, por otro lado, es el protocolo alternativo a PoW, que se ha consolidado en los últimos años por resultar relativamente simple y efectivo, eliminando las grandes inversiones y los desmedidos consumos energéticos. Para explicarlo en forma sencilla, en lugar de realizar un trabajo para obtener un rédito, este protocolo requiere que los validadores de la red participen con sus propias monedas o tokens en el aseguramiento de la red. De esta forma el usuario deposita sus activos y los bloquea (no los puede utilizar inmediatamente) en búsqueda de una recompensa.

Cada proyecto que utiliza el formato Proof of Stake cuenta con sus propias reglas, pero comúnmente, cuantos más depósitos tengan en participación y mayor antigüedad en la red, mayor serán sus posibilidades de ser seleccionado aleatoriamente por el sistema para la generación de un nuevo bloque en la red y recibir la recompensa asociada.

Al estar poniendo sus propios activos, los nodos no deberían actuar de forma tal de perjudicar a la red dado que se verían afectados directamente, no solo por la posible caída de precio de la moneda (como consecuencia de un ataque de seguridad), sino también por el posible castigo impuesto por el resto de los nodos que detecte una acción fraudulenta, lo que podría llegar hasta la quita de sus activos. Esto permite fidelizar a los participantes, lograr una buena conducta y mantener una red segura con bajo costo estructural y energético. Para controlar la red, un nodo debería tener el 51 % de las monedas circulantes, lo cual es prácticamente inalcanzable desde el punto de vista económico.

La ventaja más obvia y quizás más destacable por contexto actual, es el consumo de energía en el modelo PoS contra PoW. Ethereum, probablemente la segunda criptomoneda más conocida y número dos en capitalización de mercado detrás de Bitcoin, se encuentra en proceso de migrar su protocolo que actualmente trabaja con Prueba de Trabajo, hacia Prueba de Participación. Los expertos en la materia aseguran que el consumo energético se reduce un 99 % tras realizar este cambio.

El cambio completo a PoS no solo les permitirá gastar menos energía, sino también incrementar la capacidad de transacciones por segundo en la red. Actualmente Bitcoin procesa menos de 10 transacciones por segundo y Ethereum menos de 20, mientras que Visa procesa más de 1.500. La escalabilidad manteniendo una red descentralizada y segura es un estudio y desarrollo que lleva varios años y ha sido el punto de partida para muchos nuevos proyectos en la industria.

Esta alteración de esquema planteado en la red de Ethereum pronostica alcanzar al menos 5 dígitos en transacciones por segundo, lo que presupone mejorar en varios órdenes de magnitud el sistema actual. Además, cambiar el trabajo de minería por la validación de nodos y que no exista la necesidad de comprar costosos equipos para ello permite que cualquier persona pueda participar como validador en el aseguramiento de una red. El costo transaccional (fee por cada operación realizada) debería también reducirse, pero no implica necesariamente un impacto negativo para los validadores, ya que el número de transacciones por segundo aumentaría drásticamente, ya que al ser un proceso de validación será más eficiente.

Por otro lado, ser validador requiere generalmente una cantidad elevada de tokens que puede ser muy alta como inversión inicial. Muchos proyectos adoptaron también la modalidad de delegación por este motivo. Esto significa que uno puede aportar sus monedas a un validador existente (como un préstamo) y participar de sus ganancias. Pero la realidad no deja de ser que se corre el riesgo de que solo unos cuantos puedan ser validadores y cuanto más centralizada es la propiedad, menos confianza tiene la red, ya que estos actores pueden obrar para beneficio propio. Obviamente en estos protocolos existen mecanismos que buscan salvaguardar estos problemas, pero si los parámetros no son convenientes, pueden perder el foco de la descentralización.

Otro punto a considerar es el llamado "nothing at stake" ("nada en juego") que tiene un gran fundamento y debate técnico pero significa, en forma muy simplificada, que los validadores aun pueden tener un interés financiero en agregar bloques con información inválida ya que cobran de todas formas las comisiones correspondientes. De esta manera se pueden generar múltiples cadenas sobre la principal (forks o bifurcaciones) y el resto de los validadores continuar agregando bloques nuevos en las distintas cadenas ya que siguen recibiendo su incentivo económico.

Esto deja abierta la posibilidad de que la cadena de bloques sea manipulada por quienes tienen la mayor participación en ese sistema, que es lo opuesto al propósito mismo de la criptomoneda. Bajo PoW, este problema se resolvería rápidamente, ya que los mineros están incentivados a resolver rápidamente qué bifurcación de la cadena de bloques seguir para no desperdiciar sus recursos de minería. Ante una bifurcación o fork de la red, el bloque no válido queda huérfano, lo que significa que no se construirán nuevos bloques sobre él, y se continuará normalmente con una sola cadena de bloques.

Como en todas las elecciones, hay ventajas y desventajas, y como podrán haber notado, no hay un sistema perfecto, aun habiendo transcurrido más de una década desde el nacimiento de Bitcoin. La estadística indica que Prueba de Participación evolucionó para tomar el rol principal como protocolo de consenso porque la mayoría de los nuevos proyectos utilizan este modelo. Sin embargo, hay tantas variantes de eéste que aún es temprano para reconocer cuál es el modelo más robusto y que perdurará.

Capítulo 7. ¿Gastarlo o no gastarlo? Esa es la cuestión

El Bitcoin se creó como una herramienta de pago sin la necesidad de intermediarios. ¿Pero se usa realmente para comprar y vender o es simplemente un activo sujeto a la especulación?

La respuesta a esta consulta, hoy y posiblemente el día de mañana, sea: "Un poco de cada cosa". Como dijimos antes, históricamente comprar Bitcoin fue una buena decisión financiera prácticamente siempre. ¿Entonces, por qué habría de gastar algo que luego me va a costar más caro recomprar? ¿No sería mejor seguir esperando y que su valor siga aumentando para tener mayor poder adquisitivo?

Bitcoin hoy funciona como una reserva de valor y en el espacio de los criptoactivos es considerado como el oro digital. Es la criptomoneda más antigua y se encuentra en funcionamiento ininterrumpido desde su incepción.

Bitcoin puso la tecnología Blockchain en el radar, y de allí surgieron ramificaciones en múltiples direcciones y sentidos que hacen que los casos de uso indicados en el primer capítulo sean claramente palpables a la fecha.

Pero no todo es color de rosas. Bitcoin funciona tal como fue diseñado, pero indudablemente no es la mejor herramienta que hoy existe para efectuar pagos. ¿Por qué? Porque cuando realizamos una transacción, debemos esperar que el minero la agregue al nuevo bloque, y esto puede tener una demora considerable a pesar de las mejoras que ha tenido el protocolo . Además, cada transacción tiene un costo asociado (comisión) para que sea incluida en el bloque. Estos costos son variables, y por lo general despreciables en transacciones de un determinado monto, pero en algunos casos le quita el sentido a la operación. No es lo mismo comprar un auto de USD 15.000 y pagar un fee de USD 1 a comprar un café que vale USD 1 y tener que gastar el mismo importe en concepto de comisión.

También es comprensible que muchas personas piensen o se digan a sí mismos que "ya llegaron tarde". Muchos dijeron lo mismo cuando valía USD 500 y otros tantos cuando valía USD 3.000. Hasta el mismísimo Elon Musk, cambió su postura sobre la validez de

Bitcoin y dijo en Febrero 2021 "lamentarse haber llegado tarde a la fiesta"; sin embargo, realizó una compra de Bitcoin equivalente a USD 1.500 millones a un valor cercano a 38.000 USD por cada Bitcoin. Una de las personas más influyentes y ricas del planeta acaba de comprar Bitcoin. ¿Qué pasará si sus seguidores y empresas de calibre deciden involucrarse generando un efecto en cadena?

La capitalización del mercado del oro actualmente ronda los USD 9 billones mientras que Bitcoin no supera USD 1 billón. Los inversores más avezados pronostican que en un futuro no muy lejano, Bitcoin podría alcanzar el 50 % de la capitalización del oro, es decir, USD 4,5 billones, lo que equivaldría a un precio de Bitcoin superior a los USD 250.000.

Por otro lado, los detractores de la red aseguran que es una burbuja y que en cualquier momento implosionará, llevando su valor a 0. Hace años que lo vienen diciendo, exultantes cuando cae su precio, y desaparecidos cuando retoma tendencia alcista y vuelve a valores máximos. Algunos rememoran la fiebre del tulipán durante el siglo XVII, cuando se llegó al intercambio de hasta una casa por un bulbo de tulipán exótico, pero pierden de vista las grandes diferencias entre una y otra cosa, buscando únicamente generar incertidumbre y sembrar miedo.

Bitcoin ya lleva 12 años operando globalmente, con volúmenes de intercambio diario que superan los USD 50.000 millones. Como una referencia para el lector, el volumen operado en las acciones argentinas ronda los USD 400.000 por día (actualmente en niveles bajos, con máximos de más de USD 1 millón en 2018), lo que quiere decir que solo el volumen de Bitcoin es 125.000 de veces más grande. El volumen total operado en todo el espacio de las criptomonedas es de más de USD 200.000 millones por día.

Bitcoin cumple con las tres premisas para ser considerado dinero: es medio de cambio, porque es intercambiable por otros bienes y servicios; es una unidad de cuenta, porque determina el precio de cualquier bien en función de una cantidad de dinero, y es un depósito de valor, debido a que se puede ahorrar para conservar riqueza. Quizás el último punto, por la amplitud de sus movimientos, sea el que más discusión suscite entre partidarios y detractores, pero la estadística demuestra que si tomamos todas las cotizaciones diarias de Bitcoin, solamente en cerca de 150 días su precio fue más alto que el actual. Esto significa que en el resto de los doce años de historia, cualquier compra tendría una apreciación en su valor y, en la mayoría de los casos, muy significativa.

Más allá de las aclaraciones y los diferentes puntos de vista, aquel que desee comprar Bitcoin sabrá que está realizando una inversión y, como con todas, deberá aceptar el riesgo asociado. Cuando uno decide generar un plazo fijo también está realizando una inversión. Tendrá una ganancia relativa al riesgo que asume, que en ese caso es muy bajo. Cuando uno compra un bono del Tesoro, el riesgo y por ende el rendimiento, dependerá del tipo elegido. No es lo mismo comprar bonos de EE. UU. que de Turquía, por ejemplo. Es muy probable que el último pague mucho más como inversión, pero el riesgo de que Turquía no cumpla con sus obligaciones es muy superior a que EE. UU. no lo haga. No hace falta tampoco ir hasta Turquía para ejemplificar, ya que recientemente Argentina, termina de renegociar una deuda porque no podían asumir lo originalmente pactado.

En este punto es donde la noción de asimetría del riesgo y el beneficio por una inversión toma fuerza. No es lo mismo tener la oportunidad de multiplicar varias veces una inversión con un riesgo considerable, que obtener un 10 % o 20 % anual con un riesgo moderado o bajo.

En el caso del Bitcoin y otras monedas del espacio, el escenario hacia abajo es claro: que no haya sido más que un experimento y su precio baje hasta no valer nada y perder lo invertido. En el escenario extremadamente optimista, Bitcoin reemplazaría el dinero Fiat y el mundo se regiría por él, con lo cual su valor sería de millones por unidad. ¿Disparatado? Muy probablemente, pero no deja de ser una posibilidad, ya que no deja de ser una posibilidad considerando la creciente adopción. En el caso de que compita con el oro, su valor sería superior a los USD 250.000 por unidad, como fue mencionado anteriormente.

Dicho de otra manera, si la propuesta fuera que invirtiendo USD 1.000 tendrías posibilidades de perderlo todo, obtener USD 1.000 adicionales como retorno (+100 %) o aun lograr una recompensa de USD 10.000 (+1000 %) o más, ¿estarías dispuesto a hacerlo?

A menos que el lector sea un profesional de las finanzas, las posibilidades de obtener estos rendimientos en el mercado tradicional son muy difíciles, hasta diría que casi imposibles sin información privilegiada. Como punto adicional en este caso, estamos ante la posibilidad de realizar inversiones con montos menores; no se requiere, como en muchas inversiones de entidades financieras, un mínimo al cual ya es difícil acceder.

Por todo esto, no hay respuesta correcta al título de este capítulo. En caso de que alguien decida realizar la inversión y comprar alguna fracción de Bitcoin (o de alguna otra moneda), sabrá si le conviene gastarlo para comprar un bien o servicio, o venderlo por dinero Fiat, cuando considere que esta inversión ha dado los frutos que cree razonables en función de dónde lo visualiza en el futuro. Lo ideal es saber de antemano cuál es el riesgo que está dispuesto a tomar y con qué objetivo se toma la decisión. Solo así vas a tener la posibilidad de responderte la pregunta de este capítulo con tranquilidad.

Capítulo 8. Altcoins

Dado que Bitcoin es el mesías del espacio, todo se mide en torno a él, mientras que al resto de las criptomonedas se las agrupa bajo el nombre de Altcoins, es decir, "monedas alternativas". De hecho, en muchas billeteras virtuales (a pesar de que podamos tener un balance repartido en monedas diferentes) se suele indicar el neto con un valor teórico de Bitcoin, como si tuviéramos únicamente esa moneda, para simplificar la visualización de nuestro balance total.

¿Por qué son necesarias las Altcoins? Porque complementan y apoyan el movimiento criptográfico. Como se ha mencionado en el libro, Bitcoin dio el puntapié inicial en un contexto determinado. Se creó con el propósito de eliminar al intermediario en las transacciones y darle libertad a la gente en cuanto al manejo de su dinero y sus transacciones. El tiempo demostró que la gente cree en Bitcoin y por las fuerzas de la oferta y demanda se mantiene vivo y es considerado el oro digital. Sin embargo, como explicamos en el capítulo anterior, no necesariamente Bitcoin resuelve la problemática en forma integral, y por eso es sana y saludable la competencia en el ámbito, para encontrar la solución que mejor se adapte a las necesidades socioeconómicas actuales. Esta competencia entre proyectos lleva al desarrollo y producción de mejores productos o servicios, y de todo el sistema criptográfico en su conjunto, lo cual es bueno para todos.

No nos explayaremos demasiado en este libro, pero también existen otras monedas a las que en el espacio se las llama "Shitcoins" ("monedas de porquería", para ser suaves...), desprestigiando su valor y propósito por considerarse engaños o simplemente intentos demasiado pobres de ejecutar un proyecto real. Estas son las monedas que generalmente necesitamos detectar y esquivar completamente en cualquier inversión. Esto no quiere decir que hay que ser un experto, sino que hay que analizar el caso antes de invertir. Algunas preguntas que deberías hacerte para entender esto podrían ser: ¿Hace cuánto tiempo existe la moneda? ¿Qué volumen diario en USD opera y en cuántos Exchanges está listada? ¿Tiene página web con información sobre el equipo, sus consejeros o advisors, la explicación completa de su proyecto o whitepaper, los pasos a seguir o roadmap? ¿Tiene su código de contrato auditado y certificado por una empresa de primer nivel? ¿Ofrece algo exageradamente bueno? (cuando la limosna es grande...).

Obviamente, para los proyectos de varios años, hay algunos puntos que ya están cubiertos, pero con el auge de las finanzas descentralizadas en 2020 (lo veremos en el capítulo 10), hubo un crecimiento de scams (engaños) donde mucha gente quedó atrapada por promesas de rendimientos ilógicos y no eran más que esquemas Ponzi o "estafas piramidales", donde los inversores perdieron todo lo invertido. Estos esquemas implican que los intereses que se ofrecen en realidad se pagan con el dinero de nuevos inversores, mientras acumulan el aporte inicial de cada uno. En un momento repentino, dejan de pagar intereses y desaparecen con todo lo recaudado. Si alguna vez escuchaste o te suena el caso Madoff, es exactamente eso, algo que se puede dar tanto en el mundo del dinero Fiat como en el de cripto.

A la fecha existen más de 6000 criptomonedas. Claramente es imposible (e innecesario) realizar un detalle de todas por lo que dentro de este capítulo haremos una mención especial a Ethereum (ETH), Ripple (XRP), Litecoin (LTC), Cardano (ADA) y Dogecoin (DOGE).

Esta mención no tiene que ver con favoritismos en torno a lo que estas monedas pueden ejecutar bajo sus propuestas técnicas, sino que son activos que datan desde 2017 y que todavía se mantienen en el top 15 de las monedas con mayor capitalización de mercado o volumen de operación.

Esto implica que, más allá de gustos o preferencias, desarrollaron un mercado y una comunidad que utiliza la moneda o visualiza un potencial futuro. El año 2017 no es aleatorio, sino que es el año donde se produjo un pico del valor de Bitcoin (casi 20.000 USD por BTC) y luego implosionó la burbuja y algunas monedas perdieron hasta un 99 % de su valor.

Este acontecimiento y los últimos años marcaron a fuego a muchos proyectos y estuvieron aquellos que a pesar de las circunstancias continuaron con su desarrollo y evolucionaron de manera favorable (muy pocos), como los que no, que padecen las secuelas de la caída y parecen más próximos a la extinción que al resurgimiento.

También existen muchas monedas que se crearon hace pocos años o simplemente algunos meses, que ya reemplazaron a aquellas que estaban en el top 20 en 2017, aprovechando la bocanada de aire fresco que tomó el mercado en el último tiempo. Como en todos los contextos, los mejores siempre son desafiados y existen nuevas monedas que tomarán sus posiciones en algún momento. El tema es cuándo sucederá esto, y cuáles serán las que lo logren. Si bien parecen preguntas para una bola de cristal, considero que el análisis a conciencia del mercado de las diferentes opciones, teniendo en cuenta el protagonismo que tomará el Blockchain en el futuro, permiten tomar hoy una decisión que puede otorgar réditos extraordinarios en inversiones de mediano plazo. En el capítulo 11 se verán algunos ejemplos de lo que indico. De momento, realizo menciones simples de estas monedas para que el lector sepa de que se tratan.

Ethereum (ETH) – Creada por un joven genio en 2015, esta moneda tiene como particularidad que permite a los desarrolladores generar contratos inteligentes sobre ella para automatizar procesos o crear nuevas aplicaciones. Estos contratos abrieron un abanico de posibilidades que hasta hace un tiempo no existían y provocaron un crecimiento exponencial de usuarios y desarrollos. Actualmente es la segunda criptomoneda más importante en el mercado y con su migración a Proof of Stake muchos partidarios aseveran que reemplazará a Bitcoin en la primera posición.

Ripple (XRP) – Ripple es una compañía privada que desarrolló un sistema de pago que permite transferencias prácticamente instantáneas a un costo bajísimo. Una de las principales diferencias con el resto de los proyectos mencionados (además de ser privada) es que cuenta con una lista única de validadores "de confianza" que son quienes mantienen el registro al día y sin errores. Además, la compañía se encuentra en posesión de la mayoría de los tokens generados, lo cual puede generar desconfianza por una posible venta. Actualmente se encuentran en proceso judicial con la SEC (Comisión Nacional del Mercado de Valores de EE. UU.); sin embargo, se mantiene dentro de las primeras 10 criptomonedas del mercado.

Litecoin (LTC) – Lanzada en 2011, fue una de las primeras alternativas a Bitcoin, con algunas diferencias técnicas, como los tiempos de procesamiento de bloques a 2,5 minutos, comisiones más bajas y su algoritmo de Proof of Work que no requiere equipamiento sofisticado para el minado. Su creador vendió sus tenencias en el pico de 2017 previendo un posible colapso. Al tiempo, se retiró del frente de desarrollo; sin embargo, la comunidad sigue muy activa en su participación y mantiene una posición de importancia en el mercado actual.

Cardano (ADA) – Este proyecto está liderado por un cocreador de Ethereum, y apunta a resolver los problemas subyacentes tanto en Ethereum como en Bitcoin. Si bien a la fecha el desarrollo no está completo, los inversores apuestan a que su creador cumplirá sus aseveraciones y logrará el cometido final, desplazando eventualmente a sus competidores.

Dogecoin (DOGE) – Esta criptomoneda nació como un meme y tomó un gran protagonismo gracias a los mensajes de Elon Musk en las redes sociales. Se creó como una broma a partir del código de Litecoin en 2013, pero sumó tal cantidad de adeptos que, a pesar de no tener características de un proyecto serio y duradero, actualmente se encuentra dentro de las primeras diez monedas con mayor capitalización de mercado. Controversial por donde se la mire.

Capítulo 9. Monedas estables o Stablecoins

En este capítulo introduciremos un concepto que generó un cambio en el espacio y que está contribuyendo enormemente a la adopción de las criptomonedas, así como también al interés de los Gobiernos y bancos.

Las monedas estables o Stablecoins son criptomonedas cuyo valor está "anclado", reduciendo de esta forma su volatilidad. Esto significa, en pocas palabras, que su valor siempre tendrá paridad 1 a 1 (o un valor sumamente cercano) con el dólar, con respaldo en un activo de reserva. Estas monedas se desarrollaron con el propósito de brindar mayor seguridad a los compradores para contener las variaciones de precios que sufren los activos como Bitcoin y otras monedas.

No todas las monedas que se crearon para realizar transferencia de valor tienen la misma capacidad de reacción a la hora de registrar transacciones en su respectiva red. Bitcoin por ejemplo, tiene una capacidad muy limitada a la hora de procesar transacciones por segundo. Por este motivo es que el tiempo entre el envío y la recepción puede tomar minutos y a veces hasta horas. En un mercado muy cambiante, activo las 24 horas, existen muchas posibilidades de que los precios tengan movimientos bruscos y si enviamos 1 Bitcoin equivalente a USD 30.000 a la fecha, el receptor obtendrá 1 Bitcoin luego de completada la transacción, pero hay grandes posibilidades de que el monto en USD recibido sea menor o mayor a los USD 30.000 producto de la variación de la cotización del Bitcoin durante ese período.

En cambio, las monedas estables mantienen su valor y son robustas antes grandes cambios en el mercado (alcistas o bajistas). Existen varias monedas estables y cada una tiene su propio mecanismo de respaldo para garantizar la invariabilidad de su valor. Unas tienen respaldo en dinero Fiat como el dólar, algunas están ancladas en commodities como el oro y otras están soportadas por diferentes criptomonedas. Son puntuales, pero también existen casos de Stablecoins que no tienen respaldo y su mecanismo es muy similar al de un banco central: si el precio comienza a subir, el algoritmo comienza a generar monedas nuevas (similar a la impresión de billetes) y los envía al mercado a vender para reducir su valor, y si su precio baja, eliminan monedas de circulación para reducir la oferta y así subir su precio.

Las Stablecoins más conocidas y utilizadas en Argentina son Tether (USDT) y DAI. Sobre ellas nos explayaremos un poco más, pero mencionaremos a USDCoin (USDC), TrueUSD (TUSD), PAX Gold (PAGX) y BinanceUSD (BUSD), por si el lector quiere seguir investigando y profundizar sus conocimientos sobre ellas.

Tether es una empresa que emite una criptomoneda del mismo nombre que tiene respaldo en dólares y por cada 1 USDT existe (o debería existir) 1 dólar de respaldo en la cuenta de esta empresa. De forma muy simplificada, esto es la tokenización de activos: implica representar un derecho en la blockchain a cambio de billetes, en este caso. Cuando Tether recibe 100 USD, emite 100 Tokens USDT de un valor de USD 1 cada uno. De forma similar, se tokeniza el oro para brindar tokens de PAX Gold cuando alguien quiere comprar PAXG. En un futuro muy cercano, muchos activos como el oro van a ser tokenizados y serán agregados al mercado (por ejemplo casas, arte, reliquias, etc.).

A junio 2021, Tether es la moneda estable más importante del mercado, con una capitalización de USD 47.000 millones y es la que más volumen diario transacciona en el mercado, superando a Bitcoin por más de un 50 %. El mundo hoy ve a Tether como el dólar digital y dado que los Exchanges tienen más limitaciones para las operaciones con dinero Fiat que con Stablecoins, los inversores utilizan estas monedas como rampas para ingresar en el mercado y luego comprar otras criptomonedas. Esto quiere decir que convierten sus pesos, dólares, euros, etc. a una moneda estable, como USDT, y luego con esa moneda realizan la compra de Bitcoin o Altcoins.

El principal inconveniente de Tether es que la emisión de estas monedas es centralizada por la empresa y, por ende, al utilizarla rige la "confianza" de que esta actúa adecuadamente y salvaguarda los fondos de modo que estén disponibles en cualquier momento que sean necesarios. De momento no han existido inconvenientes y, tal como fue mencionado, es una de las empresas más grandes del mercado. A pesar de ello no es simple verificar que el control sea adecuado y que el riesgo esté siempre contenido. Por su naturaleza, mantiene un único punto de falla (single point of failure), lo que la hace vulnerable en casos de malas decisiones de la cúpula empresarial o malversaciones de fondos, por ejemplo.

DAI, por otro lado, es una moneda estable descentralizada y su respaldo está dado por otras criptomonedas que actúan como respaldo o colateral. Esto significa que, en lugar de existir 1 dólar físico por cada DAI en circulación, existen cierta cantidad de otras monedas como son Ethereum (ETH), Basic Attention Token (BAT), USDCoin (USDC), Wrapped BTC (WBTC) u otras. La definición de la cantidad de cada uno de ellos por cada unidad de DAI se establece y se aprueba en el protocolo de la comunidad MakerDAO, que es la creadora de este token. Del mismo modo, también regulan su estabilidad mediante definiciones de subas y bajas de tasas de interés para mantener siempre un valor con paridad 1 a 1 con el USD. Al depender DAI de una cesta de diversos activos y no de un respaldo físico y decisiones empresariales, puede considerarse más robusto y seguro.

Las monedas estables forman el puente más sólido que hoy existe entre el mundo Fiat y Cripto, y son sumamente eficaces para realizar transacciones de valor con volatilidad prácticamente nula. Son el refugio cuando el mercado baja (dado que no pierden la paridad con el dólar) y, por ahora, son el mecanismo preferido de salida al mercado tradicional. Considero que esto es así de momento, porque con la adecuación de billeteras virtuales y tarjetas de débito/crédito que están saliendo al mercado y que permiten el pago con criptomonedas, es solamente cuestión de tiempo para que los locales que aceptan Visa o Mastercard puedan tomar pagos con este tipo de monedas y no haya necesidad de conversiones al sistema tradicional.

Son muchas las personas que ya se volcaron a este tipo de criptoactivos ya que con la creación de las finanzas descentralizadas que veremos en el próximo capítulo es posible generar intereses con el dinero que tenemos depositado a tasas de hasta dos dígitos anuales en dólares , lo que hace que sean mucho más atractivas que las que puede ofrecer cualquier banco tradicional centralizado. En un país sumergido en la inflación, como Argentina, el ahorro en dólares generando un interés de este orden de magnitud representa un señuelo para nada despreciable.

Capítulo 10. Finanzas descentralizadas (DeFi) y centralizadas (CeFi)

El tema que abordaremos en este capítulo merece su espacio aparte en el mundo de las criptomonedas porque en 2020 emergieron con fuerza múltiples movimientos de finanzas descentralizadas (DeFi, según su abreviación en inglés), donde cada persona puede ser parte de un banco descentralizado y donde los depositantes tienen un retorno sobre su activo en dólares. Dependiendo del tipo de criptoactivo, hay rendimientos diversos que van desde 2 % hasta más del 20 % anual (algunos posiblemente más con mayor riesgo, pero es imperioso entender el trasfondo antes de ingresar).

Estos movimientos surgen como rechazo a las políticas bancarias que aglutinan el dinero de sus clientes y lucran con él para repartir las ganancias únicamente entre los accionistas, con un mínimo margen de retorno de la inversión para quienes prestan su dinero. Esto viene sucediendo hace tanto tiempo que tenemos el proceso completamente normalizado en nuestra mente y nos parece que es "lo natural". No hace falta mucha lógica para entender que, en condiciones normales, cuantos más clientes tiene el banco y más depósitos realizan, más poder tiene para negociar condiciones con quienes comercializa y por ende mayores beneficios atrae. Si el poder en definitiva lo tiene gracias al depósito de los clientes, ¿por qué no participan sobre el retorno en los beneficios? Yendo al absurdo, si todas las personas con cuenta en el banco X decidieran un día ir a quitar su dinero, ese banco dejaría de existir ya que vive gracias a quienes tienen su dinero ahorrado allí (sin entrar en discusiones si tienen o no el dinero de los clientes).

La inversión más común en Argentina para la persona promedio es el plazo fijo, ya que se puede tener un retorno seguro, aunque obviamente el importe pagado tiene siempre una diferencia considerable respecto a la inflación, por lo cual esta inversión, si bien implica más dinero en valor nominal, en contrapartida no necesariamente resulta en mayor valor real. Es decir, financieramente no es ganar, sino meramente perder menos que en el caso de no invertir en nada.

Además, si decidimos envolvernos en esta inversión, nuestro dinero no estará disponible para cualquier otra operación que deseemos hacer, ya que el banco lo "tomará prestado". ¿Realmente consideran que, en caso de no efectuar el plazo fijo, el banco no está prestando de todas maneras el dinero que tienen depositado y está obteniendo un rédito de él? Por supuesto que sí. Desde que nuestro dinero ingresa al banco por el pago de sueldos, honorarios u otros, la entidad ya está haciendo que ese dinero trabaje para generar más dinero (intereses).

Cuando MercadoPago (rama financiera de Mercado Libre) decidió ingresar al mundo Fintech, generó controversia en el sector, porque permitía tener el dinero depositado y generar un interés diario que se podía usar en cualquier momento. La operatoria es similar a la de los bancos; la gran diferencia es que el dinero se puede seguir utilizando a medida que va generando intereses y no existe su bloqueo por el tiempo determinado en el plazo fijo (aunque puede haber una demora de algún día en su uso si el monto a retirar es relevante). De esta forma, MercadoPago logró participar a los clientes de los beneficios que obtiene en sus inversiones, manteniendo su dinero disponible y logrando acceder al negocio de los bancos. Sus tasas o rendimientos no son necesariamente mejores que bancos públicos o privados, pero el solo hecho de tener libertad de utilizar tu dinero mientras genera intereses tiene sabor a victoria para el cliente.

Este caso, con todas las limitaciones que todavía tiene, nos hizo ver que es posible una nueva modalidad de reparto de beneficios, y pone en cuestionamiento la operatoria tradicional de los bancos. Aun así, sigue siendo un sistema centralizado que depende de una cúpula que toma decisiones sobre inversiones/riesgos y repartición de beneficios y, por ende, mantiene un punto central pasible de errores que afecten a todas las partes.

La idea ya tiene algunos años, pero con especial fuerza en 2020, las finanzas descentralizadas (DeFi, por sus siglas en inglés) tomaron protagonismo en el mundo de las criptomonedas. Mediante contratos inteligentes, permiten determinar pautas en las que cada persona que participa con sus depósitos se convierte en un minibanco por sí mismo y obtiene réditos por el pago de intereses de aquellas personas que toman créditos. ¿Suena loco? Veamos cómo funcionaría en forma simplificada.

Digamos que Belén tiene una capacidad de ahorro y en lugar de comprar USD 200 decide comprar 200 Tether o DAI. Ese monto lo vuelca a un contrato de DeFi como cientos o miles de personas que eligen ahorrar de la misma manera. Todos eso depósitos de criptoactivos generan un pool de liquidez, es decir una especie de cuenta popular que estará disponible para préstamos a quienes necesitan ese dinero y pueden acceder a él de forma inmediata sin burocracias, restricciones arbitrarias o especulaciones, desde cualquier parte del mundo.

Pongamos como ejemplo a Arturo, que tiene que hacer un gasto inmediato, pero no quiere vender los Bitcoins que compró hace un tiempo porque piensa que su valor va a subir, ni tampoco puede esperar a cobrar el sueldo a fin de mes. En lugar de ir a un banco tradicional, completar la información y ver si califica para un crédito con tasas imposibles, puede ingresar al protocolo DeFi y pedir prestado dinero de ese fondo, dejando su inversión de Bitcoin como resguardo o colateral. Cuando Arturo cobre el sueldo podrá devolver el monto solicitado más el interés acumulado definido hasta la fecha de devolución, siendo ésta la ganancia que les corresponde a los depositantes como Belén y todos los que participan de ese pool de donde sale el préstamo. De esta manera, Arturo recupera en su billetera los Bitcoins que había dejado como garantía.

Desarrollemos ahora los diferentes escenarios de este ejemplo por parte de quien solicita el préstamo para entender cómo funciona DeFi en el caso de la contraparte. Supongamos que Arturo necesita pedir un préstamo de USD 1.000. Si quiere dejar como resguardo Bitcoin (BTC), el protocolo le exigirá una garantía para resguardarse ante cualquier eventual caída del valor de esa moneda. Considerando que un Bitcoin vale USD 30.000, el protocolo le solicita a Arturo dejar como resguardo 0,1 BTC (USD 1.000 préstamo /USD 3.000 garantía o colateral). Durante el período que dure el préstamo, pueden suceder tres cosas: que el valor de esa garantía en Bitcoin baje, suba o se mantenga estable.

¿Qué sucede si el valor del colateral cae y se acerca o perfora el monto tomado como préstamo? En este escenario pesimista en donde el activo de resguardo comience a depreciarse rápidamente se emite una notificación de margin call, lo que implica que se deberá cancelar el crédito (devolver lo que se pide prestado y retirar la garantía) o bien agregar más cantidad de colateral para no llegar al punto de liquidación. Esto se hace básicamente para disminuir el ratio del préstamo y hacerlo más seguro. Siguiendo el ejemplo anterior, si el precio de Bitcoin cae un 50 % y pasa a valer USD 15.000, el colateral de 0,1 BTC aportado inicialmente por Arturo ahora tendrá un valor de USD 1.500 (en lugar de los USD 3.000 originales), bastante próximo a los USD 1.000 solicitados como préstamo. Si Arturo decide agregar 0,1 BTC adicional al protocolo DeFi, tendrá como colateral total 0,2 BTC con un valor total de USD 3.000 y el préstamo pedido seguirá teniendo un ratio de 33 % (USD 1.000 préstamo /USD 3.000 colateral). Si por lo contrario decide no hacer caso al margin call, corre el riesgo de que el precio de Bitcoin siga cayendo y el valor del colateral iguale el del préstamo solicitado. En ese caso el protocolo DeFi ejecutará la venta inmediata de nuestro resguardo para recuperar el dinero cedido inicialmente. Arturo se quedará con los USD 1.000 que había solicitado, pero ya no tendría disponible el 0,1 BTC aportado inicialmente ya que fue vendido para cancelar la deuda tomada.

En el escenario estable no hay demasiado que analizar dado que el valor de la garantía se mantiene y por ende al cubrir el préstamo con su interés asociado, Arturo recibe el colateral nuevamente, que vale en dólares lo mismo que al momento de solicitar el préstamo. Por último, en el escenario optimista, si el colateral aportado crece en valor, cada vez son menores las posibilidades de que el aporte sea liquidado. Digamos que Bitcoin sube de valor de USD 30.000 a USD 50.000, entonces el ratio ahora es del 20 % ya que hay aportado USD 5.000 por los USD 1.000 tomados como crédito. En consecuencia, cuando Arturo realice la devolución de los USD 1.000 más su respectivo interés, recibirá el 0,1 BTC que tendrá un valor más alto en dólares y así, su activo continuó apreciándose sin necesidad de venderlo.

Actualmente existen varios protocolos DeFi y cada uno tiene sus reglas y condiciones. Si bien el esquema y el objetivo es similar, cada uno presenta sus riesgos y retornos particulares. Es necesario analizar y determinar cuál es la mejor propuesta para el nivel de riesgo que toleramos. Por lo general existe una lista definida de activos que pueden ser aportados como liquidez (para prestar dinero) o colateral (para solicitar un préstamo), que pueden ser monedas estables u otras. Cada una de ellas tendrá un retorno definido (interés) o bien un ratio seguro de colateral para tomar crédito.

Los protocolos DeFi por lo general operan con un mix de activos: aquellos que todavía tienen una pata metida en las finanzas tradicionales como por ejemplo Tether (USDT) o PaxGold (PAXG) y los activos estrictamente en cadenas de bloques como Bitcoin (BTC), Ethereum (ETH), Binance (BNB), DAI, etc.

En los primeros, el aval subyace en el dólar o en el oro. Tienen un historial longevo por lo que mucha gente confía en su valor y baja volatilidad, pero debe también tener en cuenta que algún evento no planificado (malversación de fondos de la empresa Tether, caída abrupta de la apreciación del dólar, descubrimiento de inmensas cantidades de oro, etc.) podría afectar sensiblemente la percepción de valor de estos activos y su consiguiente precio en el mercado. Sin ir más lejos, en febrero 2021 la empresa Tether acordó con la fiscalía general de Nueva York el cierre de una disputa que duró más de dos años pagando una multa de 18,5 millones de dólares. En esta se cuestionaba la falta de respaldo de los activos emitidos y la información provista por la empresa. Si bien el cierre del caso, que incluye una declaración de Tether de no haber actuado mal y su compromiso a incrementar la transparencia en cuanto a información sobre activos generó tranquilidad en el espacio, esto no implica que en un futuro esté exento de fallas por su naturaleza centraliza.

En el caso del segundo grupo de activos, el riesgo quedará sujeto a la variación de cada activo o a la cesta completa de activos que soportan la estabilidad de la moneda. La oferta y demanda determinará el valor de cada activo y lo que sean capaces de desarrollar para ser parte del día a día de las personas, será clave para la percepción de los inversores y su valor futuro.

Solo a modo de ejemplo, en marzo de 2020 se produjo una caída abrupta en el mercado global (tradicional y de las criptomonedas) y las monedas estables no sufrieron alteraciones -tanto las respaldadas por dólares físicos como las respaldadas por cestas de activos en cadenas de bloques-, demostrando que pueden soportar movimientos bruscos y mantener la paridad con el dólar, mientras que las monedas no estables -Bitcoin y Altcoins- sufrieron bajas importantes, generando una gran cantidad de liquidaciones de posiciones (ventas forzadas para cubrir préstamos iniciales).

Por otro lado, también existen las finanzas centralizadas (CeFi), que actúan de forma similar a lo explicado anteriormente, pero es una entidad privada la que realiza las gestiones para la generación de interés y reparte los réditos a los usuarios depositantes.

Aún no es simple para la persona promedio saber cómo hacer para participar en las finanzas descentralizadas: los pasos, los riesgos, la seguridad, los gastos y rendimientos, etc. Por este motivo, algunas empresas facilitan el proceso y garantizan un retorno sobre los depósitos efectuados. Las monedas se depositan en la billetera de la empresa y ella es la encargada de hacerlas rendir.

Ambos sistemas tienen sus ventajas y desventajas, y dependiendo de nuestro conocimiento y necesidad podremos definir qué nos conviene en cada momento. A continuación una breve comparación por rubros.

Tenencia de los activos: en DeFi las criptomonedas aportadas son propias y bajo elección personal. En CeFi, las criptomonedas son cedidas a la empresa que realiza la gestión completa.

Seguridad: en DeFi, el usuario dueño de los activos es el responsable de la seguridad y de verificar dónde coloca sus posesiones y con qué protocolos interactúa. En CeFi, la empresa a la que se aportan los activos es responsable de la seguridad y generalmente tiene staff considerable estrictamente dedicado a este tema.

Rendimiento de la inversión: en DeFi los rendimientos suelen ser más altos que en CeFi ya que no hay ningún intermediario que recibe una porción de los beneficios.

Dificultad de utilización: en DeFi requiere un grado más avanzado de conocimiento ya que además de la interacción con protocolos y múltiples transacciones, implica la utilización de billeteras descentralizadas. En CeFi es muy simple ya que únicamente requiere depositar los fondos en la empresa que se encarga del servicio.

Cobertura ante robo: En DeFi no existe prácticamente una cobertura ante robo más allá de posibles donaciones o esquemas de repago de protocolos que sufrieron un hackeo. En CeFi de primer nivel las chances de recibir total o parcialmente un monto robado son mucho mayores dado que estas empresas no solo tienen seguro sino fondos de cobertura especialmente creados por si un evento de esta naturaleza sucede.

En resumen, sea de forma centralizada o descentralizada, todos podemos ser parte de la revolución de las finanzas tradicionales. Podemos dejar de ser un simple depositante de activos para el lucro de bancos y que nuestro dinero también trabaje por nosotros, y que cualquiera que lo necesite en cualquier parte del mundo, pueda acceder a un préstamo y beneficiarse de este sistema.

Al final del libro agregamos un capítulo "Bonus" para el caso de finanzas centralizadas en una empresa de primer nivel, por si el lector quiere dar sus primeros pasos. El acceso a las finanzas descentralizadas requiere mayor detalle y considero que es primordial ir probando y aprendiendo para no querer correr sin saber caminar. Este libro realiza grandes simplificaciones a varios conceptos en los que el lector puede ahondar en caso de interés.

Capítulo 7. ¿Gastarlo o no gastarlo? Esa es la cuestión

El Bitcoin se creó como una herramienta de pago sin la necesidad de intermediarios. ¿Pero se usa realmente para comprar y vender o es simplemente un activo sujeto a la especulación?

La respuesta a esta consulta, hoy y posiblemente el día de mañana, sea: "Un poco de cada cosa". Como dijimos antes, históricamente comprar Bitcoin fue una buena decisión financiera prácticamente siempre. ¿Entonces, por qué habría de gastar algo que luego me va a costar más caro recomprar? ¿No sería mejor seguir esperando y que su valor siga aumentando para tener mayor poder adquisitivo?

Bitcoin hoy funciona como una reserva de valor y en el espacio de los criptoactivos es considerado como el oro digital. Es la criptomoneda más antigua y se encuentra en funcionamiento ininterrumpido desde su incepción.

Bitcoin puso la tecnología Blockchain en el radar, y de allí surgieron ramificaciones en múltiples direcciones y sentidos que hacen que los casos de uso indicados en el primer capítulo sean claramente palpables a la fecha.

Pero no todo es color de rosas. Bitcoin funciona tal como fue diseñado, pero indudablemente no es la mejor herramienta que hoy existe para efectuar pagos. ¿Por qué? Porque cuando realizamos una transacción, debemos esperar que el minero la agregue al nuevo bloque, y esto puede tener una demora considerable a pesar de las mejoras que ha tenido el protocolo. Además, cada transacción tiene un costo asociado (comisión) para que sea incluida en el bloque. Estos costos son variables, y por lo general despreciables en transacciones de un determinado monto, pero en algunos casos le quita el sentido a la operación. No es lo mismo comprar un auto de USD 15.000 y pagar un fee de USD 1 a comprar un café que vale USD 1 y tener que gastar el mismo importe en concepto de comisión.

También es comprensible que muchas personas piensen o se digan a sí mismos que "ya llegaron tarde". Muchos dijeron lo mismo cuando valía USD 500 y otros tantos cuando valía USD 3.000. Hasta el mismísimo Elon Musk, cambió su postura sobre la validez de Bitcoin y dijo en Febrero 2021 "lamentarse haber llegado tarde a la fiesta"; sin embargo, realizó una compra de Bitcoin equivalente a USD 1.500 millones a un valor cercano a 38.000 USD por cada Bitcoin. Una de las personas más influyentes y ricas del planeta acaba de comprar Bitcoin. ¿Qué pasará si sus seguidores y empresas de calibre deciden involucrarse generando un efecto en cadena?

La capitalización del mercado del oro actualmente ronda los USD 9 billones mientras que Bitcoin no supera USD 1 billón. Los inversores más avezados pronostican que en un futuro no muy lejano, Bitcoin podría alcanzar el 50 % de la capitalización del oro, es decir, USD 4,5 billones, lo que equivaldría a un precio de Bitcoin superior a los USD 250.000.

Por otro lado, los detractores de la red aseguran que es una burbuja y que en cualquier momento implosionará, llevando su valor a 0. Hace años que lo vienen diciendo, exultantes cuando cae su precio, y desaparecidos cuando retoma tendencia alcista y vuelve a valores máximos. Algunos rememoran la fiebre del tulipán durante el siglo XVII, cuando se llegó al intercambio de hasta una casa por un bulbo de tulipán exótico, pero pierden de vista las grandes diferencias entre una y otra cosa, buscando únicamente generar incertidumbre y sembrar miedo.

Bitcoin ya lleva 12 años operando globalmente, con volúmenes de intercambio diario que superan los USD 50.000 millones. Como una referencia para el lector, el volumen operado en las acciones argentinas ronda los USD 400.000 por día (actualmente en niveles bajos, con máximos de más de USD 1 millón en 2018), lo que quiere decir que solo el volumen de Bitcoin es 125.000 de veces más grande. El volumen total operado en todo el espacio de las criptomonedas es de más de USD 200.000 millones por día.

Bitcoin cumple con las tres premisas para ser considerado dinero: es medio de cambio, porque es intercambiable por otros bienes y servicios; es una unidad de cuenta, porque determina el precio de cualquier bien en función de una cantidad de dinero, y es un depósito de valor, debido a que se puede ahorrar para conservar riqueza. Quizás el último punto, por la amplitud de sus movimientos, sea el que más discusión suscite entre partidarios y detractores, pero la estadística demuestra que si tomamos todas las cotizaciones diarias de Bitcoin, solamente en cerca de 150 días su precio fue más alto que el actual. Esto significa que en el resto de los doce años de historia, cualquier compra tendría una apreciación en su valor y, en la mayoría de los casos, muy significativa.

Más allá de las aclaraciones y los diferentes puntos de vista, aquel que desee comprar Bitcoin sabrá que está realizando una inversión y, como con todas, deberá aceptar el riesgo asociado. Cuando uno decide generar un plazo fijo también está realizando una inversión. Tendrá una ganancia relativa al riesgo que asume, que en ese caso es muy bajo. Cuando uno compra un bono del Tesoro, el riesgo y por ende el rendimiento, dependerá del tipo elegido. No es lo mismo comprar bonos de EE. UU. que de Turquía, por ejemplo. Es muy probable que el último pague mucho más como inversión, pero el riesgo de que Turquía no cumpla con sus obligaciones es muy superior a que EE. UU. no lo haga. No hace falta tampoco ir hasta Turquía para ejemplificar, ya que recientemente Argentina, termina de renegociar una deuda porque no podían asumir lo originalmente pactado.

En este punto es donde la noción de asimetría del riesgo y el beneficio por una inversión toma fuerza. No es lo mismo tener la oportunidad de multiplicar varias veces una inversión con un riesgo considerable, que obtener un 10 % o 20 % anual con un riesgo moderado o bajo.

En el caso del Bitcoin y otras monedas del espacio, el escenario hacia abajo es claro: que no haya sido más que un experimento y su precio baje hasta no valer nada y perder lo invertido. En el escenario extremadamente optimista, Bitcoin reemplazaría el dinero Fiat y el mundo se regiría por él, con lo cual su valor sería de millones por unidad. ¿Disparatado? Muy probablemente, pero no deja de ser una posibilidad, ya que no deja de ser una posibilidad considerando la creciente adopción. En el caso de que compita con el oro, su valor sería superior a los USD 250.000 por unidad, como fue mencionado anteriormente.

Dicho de otra manera, si la propuesta fuera que invirtiendo USD 1.000 tendrías posibilidades de perderlo todo, obtener USD 1.000 adicionales como retorno (+100 %) o aun lograr una recompensa de USD 10.000 (+1000 %) o más, ¿estarías dispuesto a hacerlo?

A menos que el lector sea un profesional de las finanzas, las posibilidades de obtener estos rendimientos en el mercado tradicional son muy difíciles, hasta diría que casi imposibles sin información privilegiada. Como punto adicional en este caso, estamos ante la posibilidad de realizar inversiones con montos menores; no se requiere, como en muchas inversiones de entidades financieras, un mínimo al cual ya es difícil acceder.

Por todo esto, no hay respuesta correcta al título de este capítulo. En caso de que alguien decida realizar la inversión y comprar alguna fracción de Bitcoin (o de alguna otra moneda), sabrá si le conviene gastarlo para comprar un bien o servicio, o venderlo por dinero Fiat, cuando considere que esta inversión ha dado los frutos que cree razonables en función de dónde lo visualiza en el futuro. Lo ideal es saber de antemano cuál es el riesgo que está dispuesto a tomar y con qué objetivo se toma la decisión. Solo así vas a tener la posibilidad de responderte la pregunta de este capítulo con tranquilidad.

Capítulo 8. Altcoins

Dado que Bitcoin es el mesías del espacio, todo se mide en torno a él, mientras que al resto de las criptomonedas se las agrupa bajo el nombre de Altcoins, es decir, "monedas alternativas". De hecho, en muchas billeteras virtuales (a pesar de que podamos tener un balance repartido en monedas diferentes) se suele indicar el neto con un valor teórico de Bitcoin, como si tuviéramos únicamente esa moneda, para simplificar la visualización de nuestro balance total.

¿Por qué son necesarias las Altcoins? Porque complementan y apoyan el movimiento criptográfico. Como se ha mencionado en el libro, Bitcoin dio el puntapié inicial en un contexto determinado. Se creó con el propósito de eliminar al intermediario en las transacciones y darle libertad a la gente en cuanto al manejo de su dinero y sus transacciones. El tiempo demostró que la gente cree en Bitcoin y por las fuerzas de la oferta y demanda se mantiene vivo y es considerado el oro digital. Sin embargo, como explicamos en el capítulo anterior, no necesariamente Bitcoin resuelve la problemática en forma integral, y por eso es sana y saludable la competencia en el ámbito, para encontrar la solución que mejor se adapte a las necesidades socioeconómicas actuales. Esta competencia entre proyectos lleva al desarrollo y producción de mejores productos o servicios, y de todo el sistema criptográfico en su conjunto, lo cual es bueno para todos.

No nos explayaremos demasiado en este libro, pero también existen otras monedas a las que en el espacio se las llama "Shitcoins" ("monedas de porquería", para ser suaves...), desprestigiando su valor y propósito por considerarse engaños o simplemente intentos demasiado pobres de ejecutar un proyecto real. Estas son las monedas que generalmente necesitamos detectar y esquivar completamente en cualquier inversión. Esto no quiere decir que hay que ser un experto, sino que hay que analizar el caso antes de invertir. Algunas preguntas que deberías hacerte para entender esto podrían ser: ¿Hace cuánto tiempo existe la moneda? ¿Qué volumen diario en USD opera y en cuántos Exchanges está listada? ¿Tiene página web con información sobre el equipo, sus consejeros o advisors, la explicación completa de su proyecto o whitepaper, los pasos a seguir o roadmap? ¿Tiene su código de contrato auditado y certificado por una empresa de primer nivel? ¿Ofrece algo exageradamente bueno? (cuando la limosna es grande…).

Obviamente, para los proyectos de varios años, hay algunos puntos que ya están cubiertos, pero con el auge de las finanzas descentralizadas en 2020 (lo veremos en el capítulo 10), hubo un crecimiento de scams (engaños) donde mucha gente quedó atrapada por promesas de rendimientos ilógicos y no eran más que esquemas Ponzi o "estafas piramidales", donde los inversores perdieron todo lo invertido. Estos esquemas implican que los intereses que se ofrecen en realidad se pagan con el dinero de nuevos inversores, mientras acumulan el aporte inicial de cada uno. En un momento repentino, dejan de pagar intereses y desaparecen con todo lo recaudado. Si alguna vez escuchaste o te suena el caso Madoff, es exactamente eso, algo que se puede dar tanto en el mundo del dinero Fiat como en el de cripto.

A la fecha existen más de 6000 criptomonedas. Claramente es imposible (e innecesario) realizar un detalle de todas por lo que dentro de este capítulo haremos una mención especial a Ethereum (ETH), Ripple (XRP), Litecoin (LTC), Cardano (ADA) y Dogecoin (DOGE).

Esta mención no tiene que ver con favoritismos en torno a lo que estas monedas pueden ejecutar bajo sus propuestas técnicas, sino que son activos que datan desde 2017 y que todavía se mantienen en el top 15 de las monedas con mayor capitalización de mercado o volumen de operación.

Esto implica que, más allá de gustos o preferencias, desarrollaron un mercado y una comunidad que utiliza la moneda o visualiza un potencial futuro. El año 2017 no es aleatorio, sino que es el año donde se produjo un pico del valor de Bitcoin (casi 20.000 USD por BTC) y luego implosionó la burbuja y algunas monedas perdieron hasta un 99 % de su valor.

Este acontecimiento y los últimos años marcaron a fuego a muchos proyectos y estuvieron aquellos que a pesar de las circunstancias continuaron con su desarrollo y evolucionaron de manera favorable (muy pocos), como los que no, que padecen las secuelas de la caída y parecen más próximos a la extinción que al resurgimiento.

También existen muchas monedas que se crearon hace pocos años o simplemente algunos meses, que ya reemplazaron a aquellas que estaban en el top 20 en 2017, aprovechando la bocanada de aire fresco que tomó el mercado en el último tiempo. Como en todos los contextos, los mejores siempre son desafiados y existen nuevas monedas que tomarán sus posiciones en algún momento. El tema es cuándo sucederá esto, y cuáles serán las que lo logren. Si bien parecen preguntas para una bola de cristal, considero que el análisis a conciencia del mercado de las diferentes opciones, teniendo en cuenta el protagonismo que tomará el Blockchain en el futuro, permiten tomar hoy una decisión que puede otorgar réditos extraordinarios en inversiones de mediano plazo. En el capítulo 11 se verán algunos ejemplos de lo que indico. De momento, realizo menciones simples de estas monedas para que el lector sepa de que se tratan.

Ethereum (ETH) – Creada por un joven genio en 2015, esta moneda tiene como particularidad que permite a los desarrolladores generar contratos inteligentes sobre ella para automatizar procesos o crear nuevas aplicaciones. Estos contratos abrieron un abanico de posibilidades que hasta hace un tiempo no existían y provocaron un crecimiento exponencial de usuarios y desarrollos. Actualmente es la segunda criptomoneda más importante en el mercado y con su migración a Proof of Stake muchos partidarios aseveran que reemplazará a Bitcoin en la primera posición.

Ripple (XRP) – Ripple es una compañía privada que desarrolló un sistema de pago que permite transferencias prácticamente instantáneas a un costo bajísimo. Una de las principales diferencias con el resto de los proyectos mencionados (además de ser privada) es que cuenta con una lista única de validadores "de confianza" que son quienes mantienen el registro al día y sin errores. Además, la compañía se encuentra en posesión de la mayoría de los tokens generados, lo cual puede generar desconfianza por una posible venta. Actualmente se encuentran en proceso judicial con la SEC (Comisión Nacional del Mercado de Valores de EE. UU.); sin embargo, se mantiene dentro de las primeras 10 criptomonedas del mercado.

Litecoin (LTC) – Lanzada en 2011, fue una de las primeras alternativas a Bitcoin, con algunas diferencias técnicas, como los tiempos de procesamiento de bloques a 2,5 minutos, comisiones más bajas y su algoritmo de Proof of Work que no requiere equipamiento sofisticado para el minado. Su creador vendió sus tenencias en el pico de 2017 previendo un posible colapso. Al tiempo, se retiró del frente de desarrollo; sin embargo, la comunidad sigue muy activa en su participación y mantiene una posición de importancia en el mercado actual.

Cardano (ADA) – Este proyecto está liderado por un cocreador de Ethereum, y apunta a resolver los problemas subyacentes tanto en Ethereum como en Bitcoin. Si bien a la fecha el desarrollo no está completo, los inversores apuestan a que su creador cumplirá sus aseveraciones y logrará el cometido final, desplazando eventualmente a sus competidores.

Dogecoin (DOGE) – Esta criptomoneda nació como un meme y tomó un gran protagonismo gracias a los mensajes de Elon Musk en las redes sociales. Se creó como una broma a partir del código de Litecoin en 2013, pero sumó tal cantidad de adeptos que, a pesar de no tener características de un proyecto serio y duradero, actualmente se encuentra dentro de las primeras diez monedas con mayor capitalización de mercado. Controversial por donde se la mire.

Capítulo 9. Monedas estables o Stablecoins

En este capítulo introduciremos un concepto que generó un cambio en el espacio y que está contribuyendo enormemente a la adopción de las criptomonedas, así como también al interés de los Gobiernos y bancos.

Las monedas estables o Stablecoins son criptomonedas cuyo valor está "anclado", reduciendo de esta forma su volatilidad. Esto significa, en pocas palabras, que su valor siempre tendrá paridad 1 a 1 (o un valor sumamente cercano) con el dólar, con respaldo en un activo de reserva. Estas monedas se desarrollaron con el propósito de brindar mayor seguridad a los compradores para contener las variaciones de precios que sufren los activos como Bitcoin y otras monedas.

No todas las monedas que se crearon para realizar transferencia de valor tienen la misma capacidad de reacción a la hora de registrar transacciones en su respectiva red. Bitcoin por ejemplo, tiene una capacidad muy limitada a la hora de procesar transacciones por segundo. Por este motivo es que el tiempo entre el envío y la recepción puede tomar minutos y a veces hasta horas. En un mercado muy cambiante, activo las 24 horas, existen muchas posibilidades de que los precios tengan movimientos bruscos y si enviamos 1 Bitcoin equivalente a USD 30.000 a la fecha, el receptor obtendrá 1 Bitcoin luego de completada la transacción, pero hay grandes posibilidades de que el monto en USD recibido sea menor o mayor a los USD 30.000 producto de la variación de la cotización del Bitcoin durante ese período.

En cambio, las monedas estables mantienen su valor y son robustas antes grandes cambios en el mercado (alcistas o bajistas). Existen varias monedas estables y cada una tiene su propio mecanismo de respaldo para garantizar la invariabilidad de su valor. Unas tienen respaldo en dinero Fiat como el dólar, algunas están ancladas en commodities como el oro y otras están soportadas por diferentes criptomonedas. Son puntuales, pero también existen casos de Stablecoins que no tienen respaldo y su mecanismo es muy similar al de un banco central: si el precio comienza a subir, el algoritmo comienza a generar monedas nuevas (similar a la impresión de billetes) y los envía al mercado a vender para reducir su valor, y si su precio baja, eliminan monedas de circulación para reducir la oferta y así subir su precio.

Las Stablecoins más conocidas y utilizadas en Argentina son Tether (USDT) y DAI. Sobre ellas nos explayaremos un poco más, pero mencionaremos a USDCoin (USDC), TrueUSD (TUSD), PAX Gold (PAGX) y BinanceUSD (BUSD), por si el lector quiere seguir investigando y profundizar sus conocimientos sobre ellas.

Tether es una empresa que emite una criptomoneda del mismo nombre que tiene respaldo en dólares y por cada 1 USDT existe (o debería existir) 1 dólar de respaldo en la cuenta de esta empresa. De forma muy simplificada, esto es la tokenización de activos: implica representar un derecho en la blockchain a cambio de billetes, en este caso. Cuando Tether recibe 100 USD, emite 100 Tokens USDT de un valor de USD 1 cada uno. De forma similar, se tokeniza el oro para brindar tokens de PAX Gold cuando alguien quiere comprar PAXG. En un futuro muy cercano, muchos activos como el oro van a ser tokenizados y serán agregados al mercado (por ejemplo casas, arte, reliquias, etc.).

A junio 2021, Tether es la moneda estable más importante del mercado, con una capitalización de USD 47.000 millones y es la que más volumen diario transacciona en el mercado, superando a Bitcoin por más de un 50 %. El mundo hoy ve a Tether como el dólar digital y dado que los Exchanges tienen más limitaciones para las operaciones con dinero Fiat que con Stablecoins, los inversores utilizan estas monedas como rampas para ingresar en el mercado y luego comprar otras criptomonedas. Esto quiere decir que convierten sus pesos, dólares, euros, etc. a una moneda estable, como USDT, y luego con esa moneda realizan la compra de Bitcoin o Altcoins.

El principal inconveniente de Tether es que la emisión de estas monedas es centralizada por la empresa y, por ende, al utilizarla rige la "confianza" de que esta actúa adecuadamente y salvaguarda los fondos de modo que estén disponibles en cualquier momento que sean necesarios. De momento no han existido inconvenientes y, tal como fue mencionado, es una de las empresas más grandes del mercado. A pesar de ello no es simple verificar que el control sea adecuado y que el riesgo esté siempre contenido. Por su naturaleza, mantiene un único punto de falla (single point of failure), lo que la hace vulnerable en casos de malas decisiones de la cúpula empresarial o malversaciones de fondos, por ejemplo.

DAI, por otro lado, es una moneda estable descentralizada y su respaldo está dado por otras criptomonedas que actúan como respaldo o colateral. Esto significa que, en lugar de existir 1 dólar físico por cada DAI en circulación, existen cierta cantidad de otras monedas como son Ethereum (ETH), Basic Attention Token (BAT), USDCoin (USDC), Wrapped BTC (WBTC) u otras. La definición de la cantidad de cada uno de ellos por cada unidad de DAI se establece y se aprueba en el protocolo de la comunidad MakerDAO, que es la creadora de este token. Del mismo modo, también regulan su estabilidad mediante definiciones de subas y bajas de tasas de interés para mantener siempre un valor con paridad 1 a 1 con el USD. Al depender DAI de una cesta de diversos activos y no de un respaldo físico y decisiones empresariales, puede considerarse más robusto y seguro.

Las monedas estables forman el puente más sólido que hoy existe entre el mundo Fiat y Cripto, y son sumamente eficaces para realizar transacciones de valor con volatilidad prácticamente nula. Son el refugio cuando el mercado baja (dado que no pierden la paridad con el dólar) y, por ahora, son el mecanismo preferido de salida al mercado tradicional. Considero que esto es así de momento, porque con la adecuación de billeteras virtuales y tarjetas de débito/crédito que están saliendo al mercado y que permiten el pago con criptomonedas, es solamente cuestión de tiempo para que los locales que aceptan Visa o Mastercard puedan tomar pagos con este tipo de monedas y no haya necesidad de conversiones al sistema tradicional.

Son muchas las personas que ya se volcaron a este tipo de criptoactivos ya que con la creación de las finanzas descentralizadas que veremos en el próximo capítulo es posible generar intereses con el dinero que tenemos depositado a tasas de hasta dos dígitos anuales en dólares , lo que hace que sean mucho más atractivas que las que puede ofrecer cualquier banco tradicional centralizado. En un país sumergido en la inflación, como Argentina, el ahorro en dólares generando un interés de este orden de magnitud representa un señuelo para nada despreciable.

Capítulo 10. Finanzas descentralizadas (DeFi) y centralizadas (CeFi)

El tema que abordaremos en este capítulo merece su espacio aparte en el mundo de las criptomonedas porque en 2020 emergieron con fuerza múltiples movimientos de finanzas descentralizadas (DeFi, según su abreviación en inglés), donde cada persona puede ser parte de un banco descentralizado y donde los depositantes tienen un retorno sobre su activo en dólares. Dependiendo del tipo de criptoactivo, hay rendimientos diversos que van desde 2 % hasta más del 20 % anual (algunos posiblemente más con mayor riesgo, pero es imperioso entender el trasfondo antes de ingresar).

Estos movimientos surgen como rechazo a las políticas bancarias que aglutinan el dinero de sus clientes y lucran con él para repartir las ganancias únicamente entre los accionistas, con un mínimo margen de retorno de la inversión para quienes prestan su dinero. Esto viene sucediendo hace tanto tiempo que tenemos el proceso completamente normalizado en nuestra mente y nos parece que es "lo natural". No hace falta mucha lógica para entender que, en condiciones normales, cuantos más clientes tiene el banco y más depósitos realizan, más poder tiene para negociar condiciones con quienes comercializa y por ende mayores beneficios atrae. Si el poder en definitiva lo tiene gracias al depósito de los clientes, ¿por qué no participan sobre el retorno en los beneficios? Yendo al absurdo, si todas las personas con cuenta en el banco X decidieran un día ir a quitar su dinero, ese banco dejaría de existir ya que vive gracias a quienes tienen su dinero ahorrado allí (sin entrar en discusiones si tienen o no el dinero de los clientes).

La inversión más común en Argentina para la persona promedio es el plazo fijo, ya que se puede tener un retorno seguro, aunque obviamente el importe pagado tiene siempre una diferencia considerable respecto a la inflación, por lo cual esta inversión, si bien implica más dinero en valor nominal, en contrapartida no necesariamente resulta en mayor valor real. Es decir, financieramente no es ganar, sino meramente perder menos que en el caso de no invertir en nada.

Además, si decidimos envolvernos en esta inversión, nuestro dinero no estará disponible para cualquier otra operación que deseemos hacer, ya que el banco lo "tomará prestado". ¿Realmente consideran que, en caso de no efectuar el plazo fijo, el banco no está prestando de todas maneras el dinero que tienen depositado y está obteniendo un rédito de él? Por supuesto que sí. Desde que nuestro dinero ingresa al banco por el pago de sueldos, honorarios u otros, la entidad ya está haciendo que ese dinero trabaje para generar más dinero (intereses).

Cuando MercadoPago (rama financiera de Mercado Libre) decidió ingresar al mundo Fintech, generó controversia en el sector, porque permitía tener el dinero depositado y generar un interés diario que se podía usar en cualquier momento. La operatoria es similar a la de los bancos; la gran diferencia es que el dinero se puede seguir utilizando a medida que va generando intereses y no existe su bloqueo por el tiempo determinado en el plazo fijo (aunque puede haber una demora de algún día en su uso si el monto a retirar es relevante). De esta forma, MercadoPago logró participar a los clientes de los beneficios que obtiene en sus inversiones, manteniendo su dinero disponible y logrando acceder al negocio de los bancos. Sus tasas o rendimientos no son necesariamente mejores que bancos públicos o privados, pero el solo hecho de tener libertad de utilizar tu dinero mientras genera intereses tiene sabor a victoria para el cliente.

Este caso, con todas las limitaciones que todavía tiene, nos hizo ver que es posible una nueva modalidad de reparto de beneficios, y pone en cuestionamiento la operatoria tradicional de los bancos. Aun así, sigue siendo un sistema centralizado que depende de una cúpula que toma decisiones sobre inversiones/riesgos y repartición de beneficios y, por ende, mantiene un punto central pasible de errores que afecten a todas las partes.

La idea ya tiene algunos años, pero con especial fuerza en 2020, las finanzas descentralizadas (DeFi, por sus siglas en inglés) tomaron protagonismo en el mundo de las criptomonedas. Mediante contratos inteligentes, permiten determinar pautas en las que cada persona que participa con sus depósitos se convierte en un minibanco por sí mismo y obtiene réditos por el pago de intereses de aquellas personas que toman créditos. ¿Suena loco? Veamos cómo funcionaría en forma simplificada.

Digamos que Belén tiene una capacidad de ahorro y en lugar de comprar USD 200 decide comprar 200 Tether o DAI. Ese monto lo vuelca a un contrato de DeFi como cientos o miles de personas que eligen ahorrar de la misma manera. Todos eso depósitos de criptoactivos generan un pool de liquidez, es decir una especie de cuenta popular que estará disponible para préstamos a quienes necesitan ese dinero y pueden acceder a él de forma inmediata sin burocracias, restricciones arbitrarias o especulaciones, desde cualquier parte del mundo.

Pongamos como ejemplo a Arturo, que tiene que hacer un gasto inmediato, pero no quiere vender los Bitcoins que compró hace un tiempo porque piensa que su valor va a subir, ni tampoco puede esperar a cobrar el sueldo a fin de mes. En lugar de ir a un banco tradicional, completar la información y ver si califica para un crédito con tasas imposibles, puede ingresar al protocolo DeFi y pedir prestado dinero de ese fondo, dejando su inversión de Bitcoin como resguardo o colateral. Cuando Arturo cobre el sueldo podrá devolver el monto solicitado más el interés acumulado definido hasta la fecha de devolución, siendo ésta la ganancia que les corresponde a los depositantes como Belén y todos los que participan de ese pool de donde sale el préstamo. De esta manera, Arturo recupera en su billetera los Bitcoins que había dejado como garantía.

Desarrollemos ahora los diferentes escenarios de este ejemplo por parte de quien solicita el préstamo para entender cómo funciona DeFi en el caso de la contraparte. Supongamos que Arturo necesita pedir un préstamo de USD 1.000. Si quiere dejar como resguardo Bitcoin (BTC), el protocolo le exigirá una garantía para resguardarse ante cualquier eventual caída del valor de esa moneda. Considerando que un Bitcoin vale USD 30.000, el protocolo le solicita a Arturo dejar como resguardo 0,1 BTC (USD 1.000 préstamo /USD 3.000 garantía o colateral). Durante el período que dure el préstamo, pueden suceder tres cosas: que el valor de esa garantía en Bitcoin baje, suba o se mantenga estable.

¿Qué sucede si el valor del colateral cae y se acerca o perfora el monto tomado como préstamo? En este escenario pesimista en donde el activo de resguardo comience a depreciarse rápidamente se emite una notificación de margin call, lo que implica que se deberá cancelar el crédito (devolver lo que se pide prestado y retirar la garantía) o bien agregar más cantidad de colateral para no llegar al punto de liquidación. Esto se hace básicamente para disminuir el ratio del préstamo y hacerlo más seguro. Siguiendo el ejemplo anterior, si el precio de Bitcoin cae un 50 % y pasa a valer USD 15.000, el colateral de 0,1 BTC aportado inicialmente por Arturo ahora tendrá un valor de USD 1.500 (en lugar de los USD 3.000 originales), bastante próximo a los USD 1.000 solicitados como préstamo. Si Arturo decide agregar 0,1 BTC adicional al protocolo DeFi, tendrá como colateral total 0,2 BTC con un valor total de USD 3.000 y el préstamo pedido seguirá teniendo un ratio de 33 % (USD 1.000 préstamo /USD 3.000 colateral). Si por lo contrario decide no hacer caso al margin call, corre el riesgo de que el precio de Bitcoin siga cayendo y el valor del colateral iguale el del préstamo solicitado. En ese caso el protocolo DeFi ejecutará la venta inmediata de nuestro resguardo para recuperar el dinero cedido inicialmente. Arturo se quedará con los USD 1.000 que había solicitado, pero ya no tendría disponible el 0,1 BTC aportado inicialmente ya que fue vendido para cancelar la deuda tomada.

En el escenario estable no hay demasiado que analizar dado que el valor de la garantía se mantiene y por ende al cubrir el préstamo con su interés asociado, Arturo recibe el colateral nuevamente, que vale en dólares lo mismo que al momento de solicitar el préstamo. Por último, en el escenario optimista, si el colateral aportado crece en valor, cada vez son menores las posibilidades de que el aporte sea liquidado. Digamos que Bitcoin sube de valor de USD 30.000 a USD 50.000, entonces el ratio ahora es del 20 % ya que hay aportado USD 5.000 por los USD 1.000 tomados como crédito. En consecuencia, cuando Arturo realice la devolución de los USD 1.000 más su respectivo interés, recibirá el 0,1 BTC que tendrá un valor más alto en dólares y así, su activo continuó apreciándose sin necesidad de venderlo.

Actualmente existen varios protocolos DeFi y cada uno tiene sus reglas y condiciones. Si bien el esquema y el objetivo es similar, cada uno presenta sus riesgos y retornos particulares. Es necesario analizar y determinar cuál es la mejor propuesta para el nivel de riesgo que toleramos. Por lo general existe una lista definida de activos que pueden ser aportados como liquidez (para prestar dinero) o colateral (para solicitar un préstamo), que pueden ser monedas estables u otras. Cada una de ellas tendrá un retorno definido (interés) o bien un ratio seguro de colateral para tomar crédito.

Los protocolos DeFi por lo general operan con un mix de activos: aquellos que todavía tienen una pata metida en las finanzas tradicionales como por ejemplo Tether (USDT) o PaxGold (PAXG) y los activos estrictamente en cadenas de bloques como Bitcoin (BTC), Ethereum (ETH), Binance (BNB), DAI, etc.

En los primeros, el aval subyace en el dólar o en el oro. Tienen un historial longevo por lo que mucha gente confía en su valor y baja volatilidad, pero debe también tener en cuenta que algún evento no planificado (malversación de fondos de la empresa Tether, caída abrupta de la apreciación del dólar, descubrimiento de inmensas cantidades de oro, etc.) podría afectar sensiblemente la percepción de valor de estos activos y su consiguiente precio en el mercado. Sin ir más lejos, en febrero 2021 la empresa Tether acordó con la fiscalía general de Nueva York el cierre de una disputa que duró más de dos años pagando una multa de 18,5 millones de dólares. En esta se cuestionaba la falta de respaldo de los activos emitidos y la información provista por la empresa. Si bien el cierre del caso, que incluye una declaración de Tether de no haber actuado mal y su compromiso a incrementar la transparencia en cuanto a información sobre activos generó tranquilidad en el espacio, esto no implica que en un futuro esté exento de fallas por su naturaleza centraliza.

En el caso del segundo grupo de activos, el riesgo quedará sujeto a la variación de cada activo o a la cesta completa de activos que soportan la estabilidad de la moneda. La oferta y demanda determinará el valor de cada activo y lo que sean capaces de desarrollar para ser parte del día a día de las personas, será clave para la percepción de los inversores y su valor futuro.

Solo a modo de ejemplo, en marzo de 2020 se produjo una caída abrupta en el mercado global (tradicional y de las criptomonedas) y las monedas estables no sufrieron alteraciones -tanto las respaldadas por dólares físicos como las respaldadas por cestas de activos en cadenas de bloques-, demostrando que pueden soportar movimientos bruscos y mantener la paridad con el dólar, mientras que las monedas no estables -Bitcoin y Altcoins- sufrieron bajas importantes, generando una gran cantidad de liquidaciones de posiciones (ventas forzadas para cubrir préstamos iniciales).

Por otro lado, también existen las finanzas centralizadas (CeFi), que actúan de forma similar a lo explicado anteriormente, pero es una entidad privada la que realiza las gestiones para la generación de interés y reparte los réditos a los usuarios depositantes.

Aún no es simple para la persona promedio saber cómo hacer para participar en las finanzas descentralizadas: los pasos, los riesgos, la seguridad, los gastos y rendimientos, etc. Por este motivo, algunas empresas facilitan el proceso y garantizan un retorno sobre los depósitos efectuados. Las monedas se depositan en la billetera de la empresa y ella es la encargada de hacerlas rendir.

Ambos sistemas tienen sus ventajas y desventajas, y dependiendo de nuestro conocimiento y necesidad podremos definir qué nos conviene en cada momento. A continuación una breve comparación por rubros.

Tenencia de los activos: en DeFi las criptomonedas aportadas son propias y bajo elección personal. En CeFi, las criptomonedas son cedidas a la empresa que realiza la gestión completa.

Seguridad: en DeFi, el usuario dueño de los activos es el responsable de la seguridad y de verificar dónde coloca sus posesiones y con qué protocolos interactúa. En CeFi, la empresa a la que se aportan los activos es responsable de la seguridad y generalmente tiene staff considerable estrictamente dedicado a este tema.

Rendimiento de la inversión: en DeFi los rendimientos suelen ser más altos que en CeFi ya que no hay ningún intermediario que recibe una porción de los beneficios.

Dificultad de utilización: en DeFi requiere un grado más avanzado de conocimiento ya que además de la interacción con protocolos y múltiples transacciones, implica la utilización de billeteras descentralizadas. En CeFi es muy simple ya que únicamente requiere depositar los fondos en la empresa que se encarga del servicio.

Cobertura ante robo: En DeFi no existe prácticamente una cobertura ante robo más allá de posibles donaciones o esquemas de repago de protocolos que sufrieron un hackeo. En CeFi de primer nivel las chances de recibir total o parcialmente un monto robado son mucho mayores dado que estas empresas no solo tienen seguro sino fondos de cobertura especialmente creados por si un evento de esta naturaleza sucede.

En resumen, sea de forma centralizada o descentralizada, todos podemos ser parte de la revolución de las finanzas tradicionales. Podemos dejar de ser un simple depositante de activos para el lucro de bancos y que nuestro dinero también trabaje por nosotros, y que cualquiera que lo necesite en cualquier parte del mundo, pueda acceder a un préstamo y beneficiarse de este sistema.

Al final del libro agregamos un capítulo "Bonus" para el caso de finanzas centralizadas en una empresa de primer nivel, por si el lector quiere dar sus primeros pasos. El acceso a las finanzas descentralizadas requiere mayor detalle y considero que es primordial ir probando y aprendiendo para no querer correr sin saber caminar. Este libro realiza grandes simplificaciones a varios conceptos en los que el lector puede ahondar en caso de interés.

Capítulo 11. Ejemplos de aplicaciones

En este capítulo daremos un rápido recorrido por monedas alternativas a Bitcoin (Altcoins) para entender o imaginar con mayor detalle los casos mencionados en el capítulo 1. Existiendo miles de monedas vigentes a la fecha y ante la imposibilidad de abarcar todas, solamente mencionaremos algunos casos para que el lector pueda tener una perspectiva de lo que está sucediendo y pueda saber dónde leer más sobre el tema.

Más allá de la especulación y la posibilidad de que muchas de ellas puedan o no ser una inversión redituable, es interesante entender qué proponen o cómo pueden influir en nuestro futuro día a día.

Hoy prácticamente sin darnos cuenta utilizamos apps o herramientas que hace un tiempo no existían. Mañana quizás el rol protagónico será de algunas de ellas.

Billeteras o Wallets

De modo similar al homebanking, las billeteras virtuales nos proporcionan un lugar donde alojar nuestros criptoactivos. Como fuera mencionado en el capítulo 5, tenemos wallets centralizadas y descentralizadas, donde la diferencia radica en quién tiene el acceso real a los activos. En las primeras nosotros visualizamos balances que nos corresponden, pero la tenencia real es de la empresa a la que nosotros confiamos las monedas. Una cuenta creada en exchanges como Binance, Bitfinex, Huobi, entre otros, puede considerarse como una billetera centralizada. Podremos decidir qué hacemos con lo que tenemos depositado pero las instrucciones de movimientos internas son realizadas por la empresa que tiene la custodia. En el segundo caso, las llaves o acceso a la billetera y su contenido es exclusivamente nuestra y no hay un tercero que ejecute instrucciones. En la mayoría de los casos, ambas nos permiten interactuar realizando compra/venta de criptomonedas, pagar bienes y servicios, utilizar los protocolos DeFi/CeFi, etc. La billetera descentralizada más popular es Metamask, que funciona como una extensión del navegador web y puede descargarse directamente en su sitio web https://metamask.io/.

Finanzas descentralizadas y centralizadas

Las apps o protocolos desarrollados en el rubro financiero forman parte importante del combustible que logró reavivar el interés y atrajo a muchas personas en 2020, con proyectos que están poniendo en jaque a las instituciones tradicionales. Son protocolos bajo contratos inteligentes que convierten a cada depositante en dueño de una fracción de todos los intereses generados. Para las finanzas descentralizadas es necesario contar con alguna billetera o wallet que nos permita realizar las gestiones. Algunos ejemplos de los protocolos y aplicaciones se detallan debajo, con su respectivo link para más información.

DeFi - UNISWAP https://uniswap.org/

DeFi - AAVE https://app.aave.com/markets

DeFi - PANCAKE https://pancakeswap.finance/

DeFi - MAKER https://makerdao.com/es/

CeFi - CELSIUS https://celsius.network/

Billeteras descentralizadas – METAMASK - https://metamask.io/

Billeteras descentralizadas – TRUSTWALLET - https://trustwallet.com/es/

Juegos virtuales y NFT (Non Fungible Tokens)

El crecimiento exponencial de los juegos virtuales en el que una persona desarrolla una "vida paralela" dentro del mismo videojuego ya es una realidad. Estos juegos tienen su propia criptomoneda y los usuarios las necesitan para interactuar con el resto de la comunidad. Pueden comprar parcelas, construir su casa, participar de eventos y hasta vender sus creaciones a otros participantes. Este auge, por ser parte de un universo finito, se encuentra más desarrollado de lo que nos podemos imaginar.

Los Non Fungible Tokens ("tokens no fungibles") o "NFT" son tokens únicos o con cantidades limitadas irrepetibles que dan el derecho de propiedad y que tiene una escasez digital verificable. Prácticamente cualquier cosa puede convertirse en un NFT, pero no cualquier cosa tiene valor asociado para que otro desee tenerlo. Por ejemplo, una obra de arte puede ser convertida a digital y luego vendida. En marzo de 2021 una obra de arte en formato de NFT fue vendida en USD 69 millones. Pero no todos los números son tan grandes: también se puede comprar un sombrero dentro de algún juego virtual por USD 1; el abanico es muy amplio. Su demanda creció en los juegos virtuales donde se podían adquirir ítems únicos para vestir o equipar al ávatar personal, pero su popularidad se hizo evidente cuando celebridades (especialmente artistas) comenzaron a notar su potencial y fomentar su uso. La amplitud de los NFT es tan extensa que debería tener un libro particular dedicado a ella con todas las controversias del caso. Algunos ejemplos de juegos virtuales o sitios donde se pueden realizar compra/venta de NFT son los siguientes:

Juego Virtual - MANA https://decentraland.org/
Juego Virtual - SAND https://www.sandbox.game/en/
NFT - OPENSEA https://opensea.io/

Mercado de seguimiento y venta de energía eléctrica

En Australia se desarrolló un proyecto que permite hacer eficiente el consumo y venta de electricidad de acuerdo con la generación y las necesidades. Dado que la mayoría de los hogares cuenta con sistemas de generación de energía solar y se encuentran conectados a la red eléctrica, ahora es muy simple vender o comprar lo necesario directamente a la red dejando registro en la blockchain, lo que crea un mercado de forma clara y simple. Esto permite rendimientos pasivos para hogares donde los consumos son inferiores a la generación (o cuando uno se va de vacaciones y no la usa) y aporta una gran flexibilidad a toda la red energética. Para conocer más del tema se puede visitar el sitio web de Power Ledger www.powerledger.io

Validación de documentos en la Blockchain

La pandemia de COVID-19 replanteó la forma en la que desarrollamos nuestras actividades. Probablemente muchos trabajos nunca más se desarrollen en oficinas y la modalidad home office sea la nueva realidad.

Si bien VIDT nació y creció en forma previa a la pandemia, tomó notoriedad o fuerza bajo este contexto. Documentos relevantes como por ejemplo, auditorías, certificados de calidad, contratos, etc., pueden ser cargados en la Blockchain y transmitidos al destinatario que corresponda, y este puede validar que es el documento oficial y ningún cambio se ha realizado sobre él. Cuando la información es sensible o hay múltiples destinatarios en la cadena y existe la posibilidad de que alguien pueda actuar en forma maliciosa, este mecanismo garantiza la inmutabilidad del documento y permite realizar validaciones instantáneas. Para más detalle sobre la propuesta de valor del proyecto, pueden visitar su sitio web https://vidt-datalink.com/

Blockchain y la medicina

El sistema de salud es diferente en todos los países del mundo, pero está claro que en cada lugar abunda la burocracia y hay mucho espacio por mejorar. El proyecto Solve busca reducir la fricción en el sistema sanitario haciendo más sencillo todo el proceso: coordinación, administración y pagos. La información clínica es sensible, pero el solo hecho de encontrar la forma en que cada paciente sea dueño de sus datos/historia clínica y pueda compartirla en forma privada (acceso puntual) en su consulta puede cambiar sustancialmente la atención médica. Más información sobre esta fundación puede ser encontrada en https://solve.foundation/.

Internet de las cosas (IoT)

Uno de los casos más interesantes en desarrollo es el relacionado al Internet de las cosas (IoT, según sus siglas en inglés). La evolución de la capacidad de los microprocesadores y su costo decreciente en el tiempo permitió el desarrollo de múltiples productos que hoy son "inteligentes". Pronto, prácticamente todo tendrá un chip y la capacidad de relacionarse con otros objetos intercambiando información.

IOTA es un proyecto que apunta a crear la columna vertebral de la industria IoT, donde los mismos dispositivos puedan realizar microtransacciones y toda la información generada por ellos pueda ser utilizada para mejorar la calidad de vida del ser humano. Miles de millones de dispositivos actualmente generan y acumulan información que hoy no se procesa. Encontrar la forma de que esto pueda utilizarse en beneficio de la humanidad puede generar un cambio rotundo. Para ahondar en este proyecto se puede visitar su sitio web en https://www.iota.org/.

Monedas para transacciones privadas

Monero y otros proyectos del estilo, ponen mayor énfasis en la privacidad de las transacciones. Si bien en Bitcoin y el resto de las criptomonedas mencionadas en el libro las direcciones son privadas (no tienen un nombre, DNI ni ningún otro dato personal asociado), todos los movimientos de una cuenta son verificables por cualquier persona. Esto quiere decir que si conocemos la dirección de Bitcoin de alguien, por ejemplo (para simplificar digamos que sería el CBU de la cuenta), podemos visualizar desde la primera a la última de las transacciones realizadas por esa cuenta.

La blockchain de Monero no permite realizar esto, por lo que nadie puede ver las transacciones realizadas por otras cuentas y todo permanece privado. Se puede entender la propuesta con mayor detalle directamente en su página: https://www.getmonero.org/

Resolución de disputas judiciales

Cuando existe una controversia en el espacio cripto, es posible presentarla y resolverla en la plataforma de Kleros. Un usuario puede presentar un caso aportando toda la evidencia que considere prudente, qué y a quién le reclama. Múltiples usuarios pueden analizar la evidencia aportada, solicitar información adicional y dictaminar una sentencia. Todo el proceso queda registrado en la Blockchain y permite una agilidad sin precedentes para la resolución de disputas, así como también abre una nueva forma de impartir justicia que se encuentra en fase experimental. El mecanismo adoptado busca garantizar que los "jueces" son imparciales en cada dictamen y reciben recompensas en función del aporte dentro de la comunidad. Más información sobre esta plataforma en https://kleros.io/

Oráculos de información

Los datos precisos son muy valiosos y necesarios en cualquier ámbito porque determinan un resultado de calidad. La misión de estos oráculos es proporcionar datos de entrada y salida a prueba de manipulación para contratos inteligentes en cualquier blockchain. Esta información permite un sinfín de posibilidades, ya que no solo se trata de informar cotizaciones de acciones o criptomonedas en tiempo real, sino también otros datos que pueden ser relevantes en diversos ámbitos, como por ejemplo, condiciones meteorológicas, mediciones de sensores inteligentes, resultados de elecciones, datos de eventos deportivos, etc.

La información proporcionada por los oráculos es fundamental para vincular los datos del mundo real a cualquier cadena de bloques y poder generar un producto a partir de ello. Algunos de los más importantes actualmente son Chainlink y Band Protocol. Se puede indagar con más detalle en sus respectivas páginas (https://chain.link/ y https://bandprotocol.com/).

Así como muchos de ellos suenan disruptivos y generan intrigas en el impacto que pueden tener en el futuro, también existen numerosos proyectos creados solo por el hecho de querer pertenecer a la comunidad, pero que realmente no aportan valor o que embeben la tecnología blockchain, pero esta no cambia o mejora en absoluto la esencia del producto o servicio que ofrecen. Quizás hoy ofrecer algún servicio que esté en la blockchain suena "cool", pero la realidad es que si no genera una mejora o conveniencia a un proceso actual, no tiene demasiado sentido.

Estos son solo algunos ejemplos de aplicaciones que existen en el espacio actualmente y no son en absoluto recomendación financiera. Quizás muchos otros merecen mayor protagonismo, pero este libro es apenas una pincelada sobre el tema para que el lector pueda ampliar su visión sobre las criptomonedas en general y sus diferentes propósitos.

Capítulo 12. Críticas al Bitcoin

Como anticipamos al inicio, este libro apunta a que el lector cuente con una guía interesante sin tecnicismos para poder evaluar el tema. Para que la película esté completa, sumaremos también los comentarios de los detractores de Bitcoin. Claramente no todo el mundo está de acuerdo o convencido de la utilidad o de la simple existencia de Bitcoin y el criptoespacio en general. Trataremos de resumir en algunos puntos el porqué de su pensamiento.

"Bitcoin es un activo manipulado"

Para muchos, Bitcoin es un activo puramente especulativo y es manipulado por grandes organizaciones que con importantes sumas de dinero se aprovechan de los pequeños inversores (retail investors) aumentando su precio para que ingresen su dinero Fiat y luego hacer caer en picada provocando pérdidas irreparables.

Si bien es muy difícil determinar la existencia de una posible manipulación del mercado, es evidente que aún es un mercado inmaduro y que al operar las 24 hs y no tener un marco regulatorio, ciertos eventos pueden impactar fuertemente en las cotizaciones. Suele suceder que noticias o tweets de celebridades (como sucede últimamente con Elon Musk) generan movimientos bruscos hacia arriba o abajo en las cotizaciones creando una volatilidad no apta para cualquier inversor.

"Es una burbuja financiera"

Otros afirman que es una burbuja similar a las puntocom, donde se genera demasiado valor sobre activos que no producen ningún bien o servicio. Generan propaganda que alienta a pensar que una persona puede volverse rica de la noche a la mañana y aquellos poco experimentados que caen en este mensaje, depositan su confianza al comprar activos de empresas que quizás ni siquiera existen físicamente y solo quieren el dinero nuevo para seguir haciendo crecer la burbuja.

Si bien es real que existen muchos proyectos que promueven o promovieron productos o soluciones que nunca crearon ni van a entregar, también hay otros que están agregando mucho valor e innovando permanentemente. Meter todo dentro de la misma bolsa no es el enfoque adecuado: de las .com también salieron Google, Amazon, eBay, Facebook, etc.

"Falta de respaldo y aceptación global"

Bitcoin no tiene respaldo de ninguna entidad o gobierno y, por ende, el valor es determinado pura y exclusivamente por el mercado, lo que hace que pueda caer abruptamente ante un cambio repentino en las preferencias de la gente. El dinero Fiat, si bien tampoco tiene respaldo en algún activo como el oro, tiene el respaldo del Estado que lo emite, lo que genera la confianza para ser utilizado. Si uno tuviera USD 100, podría gastarlo en cualquier lugar del mundo porque el mundo confía en EE. UU., pero no sería lo mismo en caso de tener USD 100 equivalentes en BTC, ya que no es aceptado globalmente.

El respaldo de Bitcoin es su código y su comunidad. Durante 12 años no pararon de crecer adeptos a esta moneda y a esta nueva tecnología del Blockchain, aun estando en una etapa incipiente. Hoy en día la cantidad de comercios que aceptan pagos con criptomonedas está creciendo en forma exponencial y hace sólo unos días, El Salvador promulgó una ley en la que Bitcoin se convierte en moneda de curso legal en el país, además del dólar. Esto significa que una vez que entre en vigencia la ley, todos los comercios en El Salvador estarán obligados a aceptar Bitcoin como medio de pago. Este país centroamericano fue el primer país, pero es cuestión de poco tiempo para que esto tenga efecto en el resto y Bitcoin tenga la misma aceptación que un billete estadounidense.

"Bitcoin es utilizado para acciones delictivas"

La actual titular del Banco Central Europeo, Christine Lagarde, entre otros, ha criticado a Bitcoin por indicar que se utiliza para acciones delictivas. Este punto es mencionado recurrentemente con tal hipocresía que llama la atención, como si el dinero FIAT u otros medios de cambio estuviesen exentos en este tipo de acciones. No hay estadísticas confiables para cripto o FIAT, pero sabemos que el espacio de las criptomonedas representa un grano de arena en la playa sobre el mercado mundial total. Dicho esto, es muy probable que se cometan ilícitos con criptomonedas de la misma forma que con dinero FIAT, oro u otros, pero la proporción es muy probablemente infinitesimal.

"Genera mucho gasto energético"

Basado en su concepción, la red provoca un gasto de energía diaria que supera el consumo de ciudades o países. Teniendo en cuenta lo mencionado al inicio sobre el funcionamiento de la red, los mineros deben utilizar su poder computacional para resolver un problema criptográfico de dificultad autoajustable (generalmente creciente). Esto implica que con el correr de los años se tornó cada vez más difícil minar un bloque y, por ende, compañías se dedicaron a producir componentes específicos para este trabajo. Estas computadoras consumen tanta electricidad que las empresas que se dedican al minado buscaron ubicaciones en el planeta con bajos costos de electricidad y climas muy fríos (por la disipación del calor generado). Desde mi perspectiva, este es uno de los pocos argumentos con sustento, razón por la cual la mayoría de las nuevas criptomonedas utiliza el mecanismo Proof of Stake (ver capítulo 6), que no requiere alto poder computacional y por ende el consumo energético es prácticamente nulo comparado contra la red de Bitcoin.

Sin embargo, no hay que perder de vista que el sistema financiero tradicional también utiliza vastos recursos para sus servicios y si bien ha evolucionado en su capacidad de procesar pagos efectivos para ciudadanos de un mismo país, cuando hay que realizar pagos al exterior, sigue siendo extremadamente ineficiente, aun entre cuentas de una misma empresa. Bitcoin utiliza una fracción infinitesimal sobre la cantidad de recursos, márgenes y tiempos de ejecución de un banco tradicional.

El debate energético puso el ojo de la tormenta en Bitcoin en 2021, razón por la cuál una gran cantidad de mineros han tenido que relocalizar sus operaciones (especialmente luego de la prohibición en China) en diferentes partes del mundo, buscando principalmente energías renovables como principal fuente de aprovisionamiento.

"Bitcoin es difícil de entender y utilizar para la persona promedio"

Las personas que hacen referencia a la complejidad para comprender el sistema pueden estar todavía en lo correcto; sin embargo, esa es la razón por la cual los servicios siguen evolucionado para que la experiencia del usuario sea simple y seguramente no se adopte en forma masiva hasta que se cuente con un producto tan simple de utilizar que nadie requiera introducción previa. Ninguna tecnología disruptiva es simple en sus primeros pasos: la iteración va a generar lo que se necesita para que todos puedan usarlo tarde o temprano.

"Bitcoin es difícil de custodiar y pueden robarme si cometo algún error"

Lo expuesto en el capítulo 5 deja en claro que Bitcoin como red es muy segura; lo pasible de robo son los fondos propios de acuerdo con cómo y dónde uno decida resguardarlos. De la misma manera, también uno puede sufrir el robo de piezas de valor o dinero FIAT físico que tenga resguardado. Existen muchos fraudes electrónicos con tarjetas de crédito que cuestan millones de dólares al año. No es tan usual el robo de dinero en una cuenta bancaria electrónica, pero sí existen riesgos de confiscación, conversión involuntaria de divisas y establecimiento de límites arbitrarios para las operaciones. La seguridad es un tema central de Bitcoin y las demás criptomonedas, pero no es un motivo para descartar su uso.

"Bitcoin tiene un precio ahora y en unas horas cambia totalmente"

Frecuentemente se escucha "el precio de Bitcoin es tan volátil que en cuestión de horas se puede perder gran parte de lo invertido". Bajo este argumento, también es posible indicar que la bolsa de valores también es volátil y se puede perder (o ganar) en un período corto de tiempo. El espacio de las criptomonedas está aún en sus primeros pasos y necesita tiempo para lograr la madurez del mercado tradicional. Llegado al momento de adopción global, habrá tal cantidad de usuarios y liquidez que posiblemente no se registren los movimientos que vemos en estos días. Más allá de la aclaración, la volatilidad no es únicamente hacia abajo, y es una característica que también permite tener rendimientos extraordinarios con inversiones mínimas. Claramente requiere un perfil de riesgo más agresivo, pero no es un limitante en absoluto.

"Cada vez que se hace una transferencia, hay que pagar una comisión sobre ella"

Con cada transacción se paga un comisión que a veces hace inviable la operación debido a su valor. La creciente utilización de la red de Bitcoin genera saturación, tal como se comentó en el capítulo 5. Los mineros realizan un trabajo con un objetivo económico. A medida que crece el número de transacciones tienen la posibilidad de seleccionar aquellas más convenientes para obtener más ingresos. En un escenario de poco uso donde no hay transacciones prácticamente, el valor de la comisión es ínfimo, pero cuando nos movemos al otro extremo, los valores suben. Esta es una de las razones por las que se generaron múltiples proyectos que mejoran este y otros puntos. Bitcoin puede que no sea la moneda adoptada para realizar microtransacciones, pero será el patrón de la industria.

Capítulo 13. ¿Cruzaremos el abismo?

Parece que fue hace siglos que vivíamos sin internet ni teléfonos celulares, pero no. Internet nació en 1983, el primer celular se fabricó en 1973 (era un ladrillo y costaba USD 4.000) y el primer teléfono inteligente (smartphone) recién en 1994. Antes de que internet y los teléfonos celulares lleguen a las masas de forma accesible y simple (en Argentina diría que fue a inicios de los 2000), establecíamos un lugar, una hora y esperábamos para encontrarnos. No podíamos escribirnos por WhatsApp o buscarnos en las redes sociales para organizar algo. Hoy pareciera que no hay otra forma de hacerlo. Y lo hacemos porque todos entendemos y aprovechamos los beneficios de estas herramientas, las usamos, les damos vida.

Llevamos años de crecimiento en forma vertiginosa, y el tiempo de obsolescencia se acorta dramáticamente y la aceptación social a estos cambios es tan veloz que, si uno no es capaz de adaptarse tecnológicamente, queda relegado. La única forma de que la tecnología blockchain se utilice y crezca es con la adopción masiva.

Estamos aprendiendo de una tecnología disruptiva y será cuestión de tiempo para que existan los mecanismos de experiencia de usuario que permitan cruzar el abismo en la curva de innovación. Esas "killer apps" como Whatsapp, Twitter, Tik-Tok, etc., van a aparecer con la tecnología blockchain de fondo sin que lo sepas, y en ese momento comenzará una nueva etapa. No va a hacer falta que sepas cómo funcionan, directamente las vas a utilizar y aprovechar su potencial.

Obviamente con cada día que transcurre, estamos un poco más cerca de que eso suceda. Pero, ¿por qué creo que es probable que estemos muy cerca de que esto tome forma? Como fuera explicado en el capítulo 3, Bitcoin tuvo altibajos desde sus inicios, pero siempre con signos de crecimiento. Repasemos algunas diferencias entre finales de 2017 (último crecimiento exponencial y caída abrupta de Bitcoin y Altcoins) y la actualidad para entender el porqué.

Desarrollo

En 2017 el foco estuvo en el desarrollo de monedas que pudieran ser utilizadas para suplir los pagos que hacemos actualmente con moneda FIAT. Es decir, la mayoría de los proyectos se enfocaron en ser mejores que Bitcoin funcionalmente.

En 2020, si bien continúan muchos de estos proyectos, el enfoque principal se encuentra en el desarrollo de las Finanzas Descentralizadas (DeFi) y la posibilidad de incluir a todos en este nuevo sistema financiero.

Inversores (Fundamentals)

En 2017, los inversores fueron principalmente minoristas (retail investors). Esto significa que se trata de gente con experiencia limitada en el ambiente del trading y montos de inversión bajos. El 2020 no solo atrajo más inversores minoristas, sino también de fondos de inversión (Hedge Funds), venture capitals (VC), instituciones, empresas privadas y Estados.

El poder de compra y el efecto en cadena que estos jugadores pueden tener en el mercado puede ser un catalizador hacia la adopción y utilización global de las criptomonedas.

Recaudación de fondos o Fundraising

En 2017 los proyectos recolectaban fondos a través de ICO (Initial Coin Offering) con un paper o una idea de lo que pretendían realizar. Sería una analogía a cuando alguna gran empresa va a cotizar por primera vez en la bolsa. Para operar allí, una empresa debe tener cierta antigüedad y acreditar muchísimos requisitos. En el mundo cripto, a falta de regulaciones, este era un mecanismo muy simple y se podía hacer sin que la empresa siquiera exista.

Se prometían grandes retornos sobre la moneda o token y un producto único sin competencia. Era un show de marketing, donde la mejor campaña conseguía fondos inusitados en días (millones de dólares por una idea a ejecutar en los años subsiguientes) y la gran mayoría resultaban en una farsa. Equipos con escaso conocimiento técnico o sin rumbo preciso, personalidades o tutores (advisors) que patrocinaban productos que no conocían completamente a cambio de dinero o participación en el proyecto (la mentalidad era: "Si funciona, bien; si no, no pierdo nada") y los famosos scammers (estafadores), que aprovechaban la locura de "hacerse rico" para recaudar fondos y luego desaparecer con el dinero. Y como usualmente sucede, los proyectos que no eran una farsa y estaban on track también perecieron a causa de la brusca caída de precios a fines de 2017. Todos los fondos en criptomonedas se licuaron y perdieron prácticamente la totalidad del presupuesto para avanzar.

Las ICO fueron la burbuja que llevó a Bitcoin hasta USD 20.000, y también lo hicieron caer hasta USD 3.000. Fueron extremadamente rentables para los que supieron retirarse a tiempo (e hicieron ×5, ×10, ×20 o más sobre su inversión) y devastadoras para aquellos que creyeron que nunca iba a dejar de subir. Algunos de estos proyectos tienen hoy una valorización de -99 % respecto al precio de 2017. Aun así, esta experiencia, hizo que los cuestionamientos lógicos salgan a la luz y no se vuelvan a cometer los mismos errores.

En 2021 no es tan simple realizar una recaudación de millones sin tener un producto o al menos un prototipo para mostrar a los inversores. Por eso ahora más que nunca, los desarrolladores tienen que ir al límite para generar y ofrecer algo que tenga mérito antes de poder seguir. Deben demostrar que su producto tiene potencial, ser transparentes con lo que harán e indicar el dinero que van a necesitar para terminarlo. Las épocas de pedir millones vendiendo humo no existen más. Ya hay experiencia previa y, por ende, mayor análisis y recaudo.

Esto simplemente crea una atmósfera de sana competencia para desarrollar y crear soluciones innovadoras con fondos limitados, sabiendo que el margen para el error es prácticamente nulo. No hay "manteca al techo". Los fondos son invertidos luego de mucho análisis, con lo cual estos son asegurados a proyectos legítimos y que aportan valor real. Algunos de estos proyectos seguramente desarrollen la Killer App que estamos esperando.

Personas

En 2017, las personas que participaban del mundo cripto eran principalmente especuladores. Quien haya vivido ese período podrá recordar que había personas en todas las redes garantizando hacerse millonarios con una inversión de USD 1.000. Las monedas tenían crecimientos exponenciales diarios y los nuevos inversores entraban con la ilusión de comprarse un Lamborghini poco después de invertir. De hecho, la palabra "Lambo" (por el auto deportivo) fue y sigue siendo ampliamente utilizada en todos los comentarios relacionados con las cripto porque representa las expectativas de lograr dominar las inversiones y hacerse rico de la nada.

En 2021 el asunto cambia, pero los especuladores siguen estando. Quizás la frase haya mutado un poco a "When Moon?" ("¿Cuándo llegamos a la Luna?" —en términos de precio—), pero siguen siendo ellos los que consideran que Bitcoin y el espacio cripto todavía tiene mucho para dar. A su vez, se suman los desarrolladores que ven la oportunidad de aportar y contribuir al crecimiento de la comunidad, así como también los generadores de cambio o personas influyentes, que logran separar el árbol del bosque y mostrar a las criptomonedas como una innovación que puede ayudar sustancialmente. Por su amplio alcance a personas de todo el mundo, pequeñas contribuciones de estos influencers a fomentar la educación en el tema logran lo que para otros puede requerir una vida entera de docencia. No se debe pasar por alto que del mismo modo, pero en sentido contrario, muchas de estas celebridades también se pronuncian en contra de este movimiento y, al ser un mercado todavía inmaduro, provocan reacciones palpables en las acciones de los inversores. Elon Musk, por ejemplo, se pronunció a favor de Bitcoin y mostró a una de sus empresas (Tesla) como inversora, lo que provocó un ascenso en la cotización de esta criptomoneda, pero luego de algunas semanas comunicó que el consumo energético en la red de Bitcoin no era compatible con sus convicciones, lo que resultó en una venta masiva de Bitcoin y su consiguiente caída de precio.

Acceso

En 2017 el acceso al espacio de las criptomonedas era aún difícil. Existían pocas plataformas y las medidas de seguridad no eran suficientemente robustas. La curva de aprendizaje era pronunciada, lo que impedía el ingreso de muchas personas al mercado. Aquellos que ingresaron fueron quienes realmente querían entrar al espacio y le dedicaron tiempo para instruirse y aprender cómo hacerlo.

En 2021 los desarrollos están enfocados en la experiencia del usuario (UX), lo que hace que el proceso sea súper intuitivo y fácil. Se multiplicaron las rampas de acceso de modo de que con dinero FIAT sea simple realizar compras de las criptomonedas más populares. Las interfaces de los Exchanges más importantes evolucionaron al punto tal que realizar intercambios entre monedas es muy sencillo, lo que permite poder comprar, o tradear aquellas monedas adquiridas localmente por cualquiera de las otras que no son tan populares a nivel mundial. Los registros y las verificaciones son simples y demoran pocas horas. Las integraciones con bancos o tarjetas como Visa, por ejemplo, permiten que se puedan realizar gastos en millones de locales en todo el mundo, lo que representa un cambio radical respecto al 2017.

Bitcoin según los medios de comunicación

En 2017, luego de su caída abrupta, los medios atacaron a Bitcoin indicando que era un engaño, un esquema Ponzi o que no tenía propósito dado, que no estaba regulado ni controlado por un ente central. Las noticias tenían mayoritariamente una connotación negativa debido a la especulación asociada al activo y al desconocimiento de su tecnología subyacente o su propósito.

En 2021 vemos que no solo fondos de inversión privados ya cuentan con Bitcoin como activo en sus balances para protegerse de la inflación, sino también Estados que están promoviendo el desarrollo de la tecnología para implementar en sus países. Si bien no hay Estados que carguen con el estandarte de Bitcoin (saben que no lo pueden regular ni controlar), sí aceptan el potencial de su tecnología y están dispuestos a aprovecharla al máximo. Quien domine la tecnología e imponga su desarrollo probablemente tendrá una gran ventaja sobre sus adversarios.

Regulación

En 2017 la regulación era prácticamente nula. La baja capitalización de mercado respecto a las economías mundiales y la mínima adopción como medio de uso por parte de la población, hizo que no exista un interés generalizado para regular o establecer marcos al espacio. Considerando que las criptomonedas no tienen ubicación geográfica, cada país optó por encarar la regulación de acuerdo a sus necesidades y prioridades.

En 2021 la compraventa y utilización de criptomonedas como medio de pago es legal en varios países, mientras que en otros está prohibida y penada por ley. No hay consenso global, lo que genera países amigables y otros no tanto. Teniendo en cuenta la creciente expansión de usuarios, transacciones y valor, en los próximos años los Gobiernos buscarán la forma de regular o controlar el espacio, lo que resultará una tarea muy compleja. El primer paso lo dio El Salvador promulgando la ley que convierte a Bitcoin en moneda oficial del país.

Herramientas

En 2017 solo personas muy capacitadas en el mundo informático podían hacer aportes a través de la interacción con la comunidad de desarrolladores o crear contratos inteligentes para aplicaciones específicas. Los lenguajes de programación utilizados eran limitados, así como también sus alcances.

En 2021 existen herramientas simples para programación en prácticamente todos los lenguajes. Esta simplificación hace que cualquier desarrollador pueda sumergirse en el espacio para aportar ideas y soluciones innovadoras. En algunos proyectos, redactar un contrato inteligente que se utilice en forma masiva puede equivaler a patentar un producto estrella y permite la obtención de regalías por su uso. Esto incentiva a la comunidad a desarrollar soluciones reales que permitan mejorar la eficiencia de los procesos, reducir burocracias, mejorar la calidad de vida de las personas, etc.

Respaldo

En 2017 las monedas o tokens comprados estaban respaldados únicamente con especulación. No hay producto visible, no hay retornos o flujos de caja esperados. Es solamente una apuesta con información mínima, esperando que el caballo elegido sea el ganador.

En 2021 las monedas o tokens se encuentran respaldados por un producto o servicio, una cantidad de usuarios, la utilización de la red y un flujo de caja que permite el desarrollo de la empresa. En algunos casos son más simples de monitorear que otros, pero este análisis sin duda permite realizar la primera distinción entre proyectos con o sin potencial.

Volúmenes de operación y capitalización de mercado

En 2017 se registraron picos de volumen operado de USD 20.000 millones por día en Bitcoin, mientras que en 2020 estos fueron de USD 70.000 millones (crecimiento de 250 %). La capitalización del mercado del espacio cripto llegó a USD 660.000 millones en 2017 y en el momento de inicio de escritura de este libro (agosto 2020), rondaba los USD 390.000 millones (40 % menos). Recién fue igualada a finales de 2020.

La especulación, la menor cantidad de participantes y la dificultad de ingresar al mercado con plataformas accesibles generó un crecimiento exponencial a fines de 2017, como también una caída abrupta. Hoy, con mejores indicadores en prácticamente todos los aspectos, el mercado se encuentra en una etapa más madura (aunque temprana de todos modos) y la capitalización total de 2017 fue superada ampliamente: hoy el total es de USD 1,5 billones (más del doble). Era solamente una cuestión de tiempo para volver a alcanzar y superar esa capitalización.

Si bien el espacio de las criptomonedas siempre tuvo que luchar contra de los grandes poderes del sistema, tales como Gobiernos, bancos o grandes empresas privadas que ven desafiado su modelo, el camino recorrido en los últimos cuatro años no puede menospreciarse. El crecimiento es claramente visible y si bien sostengo que la gran mayoría de los proyectos va a fracasar (por el solo hecho de que muchos hacen o pretenden hacer exactamente lo mismo y es imposible que convivan todos), creo que ya no es cuestión de si cruzaremos el abismo, sino de cuándo lo vamos a hacer, y será muy pronto.

Capítulo 14. Antes de Cripto, Después de Cripto

"La bancarrota es temporal, la pobreza es eterna". Esta frase de Robert Toru Kiyosaki es suficientemente provocadora para que mínimamente reflexionemos sobre la forma en la que decidimos encarar y construir nuestro bienestar (aclarando, en primera instancia, que "bienestar" no significa necesariamente "dinero"). De hecho, la gente con mucho dinero suele tener problemas de bienestar porque ya no sacia algunas necesidades que no se pueden comprar, y genera tensiones y disputas porque todo gira a su alrededor.

Afortunadamente todos los seres humanos somos diferentes y nos movilizan distintas cosas. Este es un comentario que mi madre me hizo muchas veces haciendo referencia a que ella nunca podría haber sido dentista, contadora o abogada. Si bien no siempre logramos dedicarnos a eso que nos apasiona, sabemos a ciencia cierta lo que no nos gusta y no querríamos hacer. Entre todos nos complementamos y de la misma manera que hay distintas profesiones, hay diferentes personalidades dentro de cada una.

El espectro va desde el más conservador hasta el más arriesgado, desde el que busca una vida tranquila sin alteraciones ni sobresaltos hasta el que se aburre en forma constante y necesita un cambio permanente. En el medio está la franja más gruesa: la que sabe lo que quiere pero muchas veces evita el salto a la pileta por temor al cambio, por no saber cómo hacerlo o simplemente por quedarse en una zona de confort.

Quizás el mandato social, nuestra educación o el momento histórico de nuestro desarrollo como personas nos marcó en lo que "había que hacer" en la vida para "considerarse realizados". Desde ir por un título que asegure un trabajo y sueldo estable, hasta formar una familia y asegurar un hogar propio.

Incluso hoy, muchas personas ni siquiera cuestionan este mandato porque viene heredado de generación en generación. No quiere decir que no sea válido, pero deberíamos preguntarnos más si lo que hacemos o elegimos proviene de elecciones sinceras y propias o si son para encajar en un molde.

Este libro no es una recomendación financiera para la compra de Bitcoin o de cualquier criptomoneda. Es una invitación especial para aquellos que se sienten identificados con la franja del medio, a abrir la mente y pensar que no necesariamente las cosas no van a cambiar porque son así hace mucho tiempo. Tantas cosas hoy son normales o aceptadas cuando hace pocas décadas eran impensadas o ilógicas. Cuando escuchamos o leemos la expresión "hacer historia", significa que algo queda marcado, hay un antes y un después. Bitcoin y Blockchain van a dejar una marca y, eventualmente, ese 1 % que hoy conoce el tema tendrá la oportunidad de aprovechar esta situación para tomar ventaja en forma anticipada a los cambios que están por venir y la utilización de herramientas basadas en esta tecnología.

Padre Rico, Padre Pobre es un excelente libro (recomendado para el que no lo leyó aun) para despertar el interés en las finanzas y en el logro de la independencia financiera como objetivo final. Esta independencia no necesariamente significa ser millonario, tener múltiples propiedades o empresas, porque la independencia financiera es una definición personal. Dependiendo del estilo de vida, el lugar, las necesidades y lo que nos reconforte en el día a día, el rango de ingreso mensual deseado es sumamente variable.

Todos somos prisioneros del tiempo. Tarde o temprano, no estaremos y tampoco tendremos la chance de volver atrás para hacer más de aquello que hubiésemos querido hacer. La independencia financiera es el evento mediante el cual escapamos a la "carrera de la rata", la situación de tener que trabajar obligatoriamente para poder pagar las cuentas a fin de mes. Con esta independencia podríamos trabajar en lo que realmente nos apasiona y nos motiva todos los días, como si fuese un retiro voluntario anticipado.

Si hoy tus ingresos te permiten vivir bien, y pudieses trabajar la mitad del tiempo y ganar lo mismo, ¿lo harías, o preferirías trabajar más horas para ganar más? Y si pudieses no trabajar y mantener el ingreso, ¿trabajarías igual para duplicar tu entrada, trabajarías mitad del tiempo para mantenerte activo o buscarías dedicarte de lleno a aquellas cosas postergadas que te despierten pasión? Esta pregunta seguramente tiene diversas respuestas para la misma persona, en diferentes etapas de su vida de acuerdo con las responsabilidades que enfrenta. Sin embargo, el planteo de fondo implica asimilar que el tiempo es finito y que quizás las cosas más importantes en la vida… no son "cosas".

Capítulo 15. Teoría vs Práctica – Final

Soy gran creyente de que la teoría y la práctica van de la mano, en simultáneo. Siempre lamenté que en la educación (inclusive la universitaria), sea prácticamente todo teórico hasta recibir el diploma y salir a la calle.

El espacio de las criptomonedas no es una excepción al caso. Hay mucho que se puede leer, pero el que además se "empapa" y pone las manos en el tema, tiene una ventaja significativa.

Hace ya un tiempo (diría más de un año) que estamos en un ciclo bullish, lo que significa un ciclo de alza generalizada en valoración de las criptomonedas. Por esta razón es que también creció el número de participantes o el interés en las inversiones por la alta rentabilidad que pueden llegar a otorgar en un período corto de tiempo. Muchas personas que cuentan experiencias increíbles de cómo con inversiones mínimas lograron comprarse un auto o una casa son motivación para otros que no se quieren perder la oportunidad.

Pero aquel que estuvo más tiempo —digamos desde 2017 como referencia— también tuvo que sostener o pasar por un período bearish, o un período a la baja, donde prácticamente todos los días perdías valor respecto al día anterior. Y no fueron unos días, fueron casi dos largos años.

Considero que actualmente estamos pasando una etapa de transición donde cada vez más actores (y dinero) ingresa al mercado. Por eso estamos teniendo un año casi ininterrumpido de crecimiento, pero por más que crea en el crecimiento exponencial de este sector a largo plazo, es necesario saber que el camino no es una línea recta. Hay baches, caídas, tropezones.

Cuanto más práctica y teoría combinada, mejor preparación para la situación actual y la que viene. El camino es largo y hay que estar preparado para transitarlo.

El conocimiento se aprende, pero la experiencia se gana.

Bonus. Si te animas, primeros pasos en cripto (bono incluido)

Ante todo, te recuerdo que nada de esto representa consejo financiero. Cada persona debe interiorizarse y tomar decisiones en función de sus posibilidades, tratando de nunca poner en riesgo nada que no está dispuesto a perder.

Sería muy optimista pensar que todos los que lean el libro se van a animar a investigar, leer, consultar y desarrollar un interés genuino por las criptomonedas, pero con soñar no se pierde nada. Este es mi humilde granito de arena para germinar esta inquietud.

Para aquellos que necesiten un empujón o una guía en sus primeros pasos, va este capítulo especial. Les recuerdo que todo, absolutamente todo, está disponible en Internet. Es solo cuestión de dedicarle tiempo, leer, mirar videos y tratar de separar la información realmente útil. En este libro traté de compilar la información no técnica más relevante, pero un espíritu inquieto puede agregar muchísimo conocimiento en cuestión de algunas semanas indagando en la red.

Este bonus se trata de una guía para hacer las primeras transacciones en una aplicación de finanzas centralizadas (CeFi). Sugiero comenzar por acá dado que es el primer paso antes de la descentralización si el inversor está dispuesto a avanzar un paso más.

Como resumen de lo indicado en el capítulo 10, las CeFi tienen un esquema similar a los bancos tradicionales, a diferencia de que prácticamente se rigen por contratos inteligentes, no hay necesidad de oficinas en todas las ciudades del mundo y los beneficios sí se reparten entre los depositantes.

Existen numerosas empresas CeFi (el lector puede hacer su investigación), pero para no extender el capítulo, nos enfocaremos en Celsius Network (de ahora en adelante, Celsius). Celsius es liderada por Alex Mashinsky, un emprendedor serial y creador de numerosas empresas exitosas. Sus referencias y logros hablan por sí mismos y valen el prestigio que tiene este norteamericano en el sector.

Algunos años atrás, y luego de ver cómo el sistema financiero se aprovechaba de la gente y los más ricos se volvían más ricos a expensas de los ciudadanos promedio, Mashinsky decidió crear Celsius bajo un modelo controversial: sería un banco que actúe siempre en el mejor interés de sus clientes. Puede ser que pienses que todos los bancos hacen esto, o al menos deberían, pero la respuesta es que no lo hacen. En esencia, hacen lo mismo. Tanto el banco tradicional como Celsius buscan maximizar los ingresos, pero la diferencia es que el último distribuye el 80 % de lo generado como ingreso entre sus clientes mientras que el banco no otorga prácticamente nada a cambio (a menos que hagas un plazo fijo). En la estructura de Celsius, si algo puede ser beneficioso para los accionistas pero no tanto para los depositantes, no se llevará adelante, mientras que en el banco tradicional se hará sin lugar a discusión.

Celsius es una billetera virtual donde uno puede depositar sus criptomonedas (Bitcoin, Ethereum, monedas estables, etc.) y generar intereses semanales con ellas. En el plano tradicional, sería como operar en homebanking y tener depositados pesos, dólares, euros, etc., y que cada lunes recibas un mail del banco indicando que se te acreditaron intereses asociados a tus fondos. ¿De dónde salen estos intereses? De la misma manera que el banco tradicional, Celsius puede prestar una parte de los depósitos que tiene en custodia y cobrar un interés a quien lo necesite, teniendo un seguro disponible si el prestamista no cumple. Cuantos más activos tiene Celsius, más puede prestar y, por ende, más dinero puede conseguir para distribuir entre sus accionistas.

Al ser una empresa centralizada y dado que existe la necesidad de pasar por el proceso de conocimiento del cliente o "KYC" según sus siglas en inglés (enviar foto del DNI para acreditar la identidad), existen personas del otro lado que pueden responder un mail o una llamada en caso de que perdamos el acceso o tengamos algún problema. Por eso indiqué al principio del capítulo que considero que este es el primer paso hacia las finanzas con criptomonedas, dado que tiene aún algunas similitudes con el esquema actual, pero con notables mejoras (más rapidez, menos burocracia, más rendimientos y más facilidades).

Al momento de escritura de este libro, y por un período de tiempo adicional (no creo que desaparezca ni siquiera en los próximos años), sigue vigente el regalo de bienvenida de USD 40 en Bitcoin cuando nos creamos una cuenta y mantenemos un depósito de al menos USD 400 por 30 días (¡aprendizaje gratis!). Este período de 30 días no es un plazo fijo, sino que es un período de restricción mental donde podemos retirar el dinero en cualquier momento (perdiendo la posibilidad del bono de USD 40). Los 30 días los estableció el propio Mashinsky porque considera que es un tiempo razonable para ver la evolución de tu depósito y entender que el objetivo de la empresa es generar ingresos para que cada semana recibas lo que te corresponde y llegue un momento donde puedas vivir de eso (especialmente si recibís intereses en moneda dura como el dólar y gastás en moneda híper devaluada como el peso). Es una forma de tratar de convencer a la gente de que el poder de los bancos se genera por el poder de sus depositantes, nosotros, quienes lo cedemos casi involuntariamente esperando que nuestros ingresos sean cuidados y correspondidos. El banco debería cuidar a sus clientes "como oro", cosa que desde luego no hacen.

Actualmente para monedas estables —las menos riesgosas y volátiles— Celsius paga hasta 10 % de interés anual compuesto. Si no te queda claro si es mucho o poco, nuestros bancos pagan entre 0 y 1 % (con el dinero inmovilizado).

Para no extender el bonus track, vamos con los pasos. Después, como mencioné al principio del capítulo, vos podés decidir si depositar o no, si esperar los 30 días y luego retirar todo aprovechando el bono o lo que sea. Ya hacerlo (aunque sea con menos de USD 400 para probar), es dar el primer paso.

Paso 1. Descargar la app de Celsius Network. Antes de hacerlo, sugiero ir a su sitio web y leerlo para entender la propuesta: https://celsius.network/.

Paso 2. Hacer el proceso de verificación de autenticidad. Demora pocos minutos y requiere que subamos elementos que prueben que somos quien afirmamos ser. Se le consultará si cuenta con un código promocional para recibir los USD 40, donde deberán cargar el siguiente código: 1236230118

Paso 3. Una vez que la cuenta está abierta, debemos cargarla con criptomonedas. Tenemos alrededor de 10 días para hacerlo antes de que caduque el código promocional. En este paso, será decisión del lector qué inversión prefiere hacer (Bitcoin, Ethereum, otras altcoins o simplemente monedas estables). En Argentina existen numerosos lugares donde se pueden adquirir estas criptomonedas, como por ejemplo Buenbit, Tienda Dólar, Decrypto, Bitex, Satoshitango, Ripio, por nombrar algunas. Definido el lugar donde comprarán las criptomonedas, deben realizar la operación, esto es, enviar pesos a una de estas empresas donde previamente se cree una cuenta y convertirlos a la criptomoneda de elección.

Paso 5. Teniendo entonces las criptomonedas adquiridas, resta hacer la transferencia a la billetera creada en Celsius. El proceso es exactamente igual a lo que se hace con un CBU. Se copia la dirección de destino de la criptomoneda elegida en Celsius y se le instruye al broker donde compramos las criptomonedas el retiro hacia esa dirección.

Paso 6. En minutos se debería confirmar la transacción y la acreditación de los fondos en Celsius. Si los fondos superan los USD 400 y se mantienen por arriba de este valor durante 30 días, el depositante recibirá USD 40 en Bitcoin además de los intereses semanales correspondientes a su depósito.

Luego de realizada la operación queda a criterio de cada persona mantener o no los fondos en la billetera como ahorro. En caso de querer liquidar el saldo y retirar, es necesario únicamente realizar la operatoria a la inversa. En Celsius, se debe solicitar el retiro de las criptomonedas, enviarlas a la dirección que les indique el broker y luego de recibirlas, venderlas por pesos o dólares para poder tenerlas nuevamente en Fiat.

Realizar esta operatoria ya es dar un gran paso para abrir la cabeza a lo nuevo, a lo que se viene indefectiblemente. La revolución financiera también va a llegar, estemos en el barco o no. ¡Que empiece el show!

Glosario

A continuación, se desarrollan algunas de las palabras más comúnmente utilizadas en el espacio cripto mencionadas en el libro así como también otras que pueden resultar de interés. La fuente donde se tomó la información y luego se tradujo al español es del sitio Coingecko. Para mayor información se puede visitar su sitio en

https://www.coingecko.com/en/glossary.

#

51% Attack

Un ataque a la blockchain por parte de un grupo de mineros que controlan más del 50 % de la tasa de hash de la red.

A

Airdrop

Una forma de promover las criptomonedas enviando tokens gratuitos a los usuarios.

All-Time-High (ATH)

El punto más alto en precio que ha tenido una criptomoneda en la historia.

All-Time-Low (ATL)

El punto más bajo en precio que ha tenido una criptomoneda en la historia.

Arbitrage

Una estrategia en la que los inversores compran una moneda en un mercado y la venden a un precio más alto en otro mercado para obtener ganancias.

Ask Me Anything (AMA)

Ask me anything refers to actions where individuals of certain profession (eg. fireman, nurse, journalists) or company (eg. CEO of Tesla) conduct a session for users to ask them questions.

"Pregunta cualquier cosa" se refiere a eventos en los que una o varias personas que dirigen un proyecto se relacionan con la comunidad respondiendo a sus consultas para informar los estados de avances, ideas y próximos pasos.

B

Bagholder

Una persona que tiene una gran cantidad de criptomonedas.

Bearish

Término utilizado para indicar un sentimiento negativo hacia el mercado o un activo, donde los inversores creen que habrá un movimiento de precios a la baja.

Bear Market

Contrariamente al mercado alcista, indica la dirección del mercado que va hacia una tendencia a la baja.

BUIDL

Un consejo para que los inversores contribuyan con nuevos proyectos en blockchain en lugar de solamente mantener criptomonedas de forma especulativa.

Bullish

Un término utilizado para indicar un sentimiento positivo hacia el mercado o un activo, donde los inversores creen que habrá un movimiento de precios al alza.

Bull Market

Un mercado alcista indica la dirección del mercado que va hacia una tendencia alcista.

Burned Tokens

Los tokens quemados, son tokens que se han enviado a direcciones cuya clave privada no se conoce, por ende, no es posible recuperarlos y se vuelven inutilizables. Esto provoca la disminución del total en curso, convirtiéndolos en activos más escasos y por ello se espera una revalorización de estos.

Buy the F***in Dip (BTFD)

Un aliento al resto de los inversores, a comprar los activos durante momentos de caídas de precio especulando con un alza en corto plazo.

C

Central Bank Digital Currency (CBDC)

Es una moneda fiduciaria digital emitida por los bancos centrales, contraria a la criptomoneda emitida por un partido no legislativo.

Centralized

Una estructura organizativa en la que un pequeño grupo de actores tiene el control de toda la red.

Circulating supply

La cantidad de monedas o tokens que actualmente no están bloqueados y disponibles para transacciones públicas.

Cold Storage

Almacenamiento de criptomonedas sin conexión a internet, que requieren de hardware específico. El almacenamiento se realiza en Cold Wallets.

Cold Wallet

Billeteras sin conexión a internet, que requieren hardware específico.

Custody

Cuidado o tutela de un bien.

D

Decentralized

Un sistema donde no hay puntos centralizados de falla u organización sin una figura de autoridad central.

Decentralized applications (dApps)

Aplicaciones que se ejecutan en redes peer-to-peer descentralizadas como Ethereum.

Decentralized Autonomous Organization (DAO)

Sistemas de código abierto y descentralizados que no requieren operadores o controladores centralizados.

Degen

Apocope de degenerado. Persona que realiza inversiones sin debida diligencia e investigación. Básicamente es aquél inversor que toma las inversiones como un juego de azar.

Dominance

Normalmente se refiere al dominio de la capitalización de mercado de Bitcoins sobre el resto de las monedas.

Do Your Own Research (DYOR)

Un consejo para que los inversores hagan su propia investigación sobre las monedas antes de invertir.

Dump

Término común que se utiliza para describir el movimiento a la baja del mercado o para describir la acción de vender las participaciones de un individuo haciendo caer rápidamente el precio.

E

ERC-20

ERC-20 es uno de los estándares de tokens más utilizados en Ethereum para crear tokens intercambiables y fungibles.

ERC-721

ERC-721 es uno de los estándares de tokens más utilizados en Ethereum para crear tokens intercambiables y no fungibles.

F

Faucet

Un faucet generalmente representa un sitio o aplicación donde un usuario puede navegar para obtener pequeñas recompensas que se repiten a lo largo del tiempo.

Fear of Missing Out (FOMO)

Se refiere al sentimiento de aprensión por perderse una oportunidad de inversión potencialmente rentable y arrepentirse más tarde. Generalmente una expresión que describe el miedo de los inversores a perderse el momento oportuno para comprar criptomonedas que eventualmente podrían ser rentables.

Fear, uncertainty and doubt (FUD)

Una estrategia para disuadir a las personas de comprar una criptomoneda en particular mediante la difusión de información controvertida o falsa.

G

Gas

Una unidad de medida del esfuerzo computacional en la realización de transacciones o contratos inteligentes en la cadena de bloques Ethereum.

Genesis block

Es el primer bloque de datos que se procesa y valida para formar una nueva cadena de bloques, normalmente denominada como 'bloque 0' o 'bloque 1'.

Golden Cross

Es una señal alcista en el patrón técnico de velas al comparar dos líneas de media móvil a corto plazo y media a largo plazo. Es una cruz dorada cuando la media móvil a corto plazo rompió su media móvil a largo plazo.

Gwei

La dominación monetaria del gas, que involucra al Ether.

H

Halving

Evento que sirve para reducir a la mitad la recompensa de los mineros Proof-of-Work que operan en la red blockchain.

Hard fork

Es una divergencia permanente de una cadena de bloques en dos cadenas de bloques. La cadena de bloques original no reconoce la nueva versión.

Hash

Una función hash es un código de salida (único y alfanumérico) que obtenemos de una cadena de entrada.

Hashrate

La potencia de procesamiento total de una blockchain o lo que es lo mismo, son la cantidad de valores hash que se pueden realizar en un período de tiempo.

HODL

Una jerga criptográfica para disuadir a los inversores de conservar sus activos en lugar de venderlos.

Hot Wallet

Es una herramienta que almacena tus criptomonedas y siempre está conectada a internet.

Initial coin offering (ICO)

La Oferta Inicial de Monedas (ICO) es el equivalente a la Oferta Pública Inicial (IPO), donde una empresa / empresa de criptomonedas recauda fondos a través de ventas colectivas.

Internet of things (IoT)

Es un sistema que permite que cualquier dispositivo que esté conectado a Internet se comunique entre sí sin interacciones de persona a persona o de persona a dispositivo.

IPO

Oferta pública inicial (IPO) se refiere al proceso en el que una empresa pública ofrece acciones recién emitidas al público y, como resultado, obtiene capital de inversores públicos.

K

KYC (Know Your Costumer)

KYC significa "Conozca a su cliente", un proceso para que las entidades comerciales deben verificar a sus clientes mediante documentos oficiales y evaluarlos.

L

Leverage

Es una estrategia de inversión para obtener un rendimiento potencial de la inversión pidiendo prestado el dinero. Se denomina apalancamiento.

Lightning Network

Es la "segunda capa" o un protocolo de pago fuera de la cadena principal y no requieren confirmación de bloque, por lo que las transferencias son prácticamente instantáneas. Es una propuesta creada para minimizar el impacto de escalabilidad de Bitcoin.

Limit Order / Limit Buy / Limit Sell

Órdenes realizadas por los inversores para comprar o vender una criptomoneda cuando se alcanza un precio determinado.

Liquidity

Cantidad de reservas de inversores dispuestos a comprar o vender una moneda, que indican con qué facilidad se puede operar con la misma sin afectar el precio general del mercado.

M

Market capitalization (market cap)

La capitalización de mercado se mide multiplicando la oferta circulante de tokens o moneda y su precio actual.

Mineable

Se dice que una criptomoneda es "minable" cuando adopta un sistema en el cual los mineros pueden ser recompensados con criptomonedas recién creadas por generar bloques.

Miners

Colaboradores de una cadena de bloques que participan en el proceso de minería.

Mining

Es el proceso por el que los mineros verifican y agregan registros de transacciones en un bloque.

Mining Reward

La recompensa resultante de la contribución de recursos informáticos para procesar transacciones.

Moon

"Luna" o "A la luna" es una jerga criptográfica que describe una exclamación cuando los precios de las criptomonedas están subiendo o en vías de hacerlo.

Multisignal (multi-signature)

Son billeteras que requieren más de una clave para que se autoricen las transacciones.

N

Node

Dentro de la red blockchain, los nodos son computadoras que se conectan a la red y tienen una copia actualizada del blockchain.

Nonce

Significa "número que solo se usa una vez" y es de vital importancia junto al hash en la verificación de datos de la red blockchain de Bitcoin.

Non-custodial

Es un tipo de billetera descentralizada, donde los usuarios poseen sus claves privadas.

Non-Fungible Tokens (NFT)

Son elementos coleccionables dentro de la cadena de bloques Ethereum bajo ERC-721, donde cada token se refiere a un solo elemento con un cierto valor.

O

Open Source

El software de código abierto es un tipo de software publicado bajo una licencia en la que el titular de los derechos de autor otorga a los usuarios los derechos para estudiar, cambiar y distribuir el software a cualquier persona y para cualquier propósito.

Oracles

En el contexto de la criptografía, los oráculos se refieren a servicios que verifican el mundo real y proporcionan datos a cadenas de bloques / contratos inteligentes.

Over The Counter (OTC)

Se refiere al proceso en el que las criptomonedas se negocian fuera del intercambio vía exchange y se realiza directamente entre dos partes.

P

Peer to peer

Un protocolo de comunicación entre personas sin intermediario.

Ponzi Scheme

Un esquema Ponzi también se conoce como esquema piramidal y generalmente toma la forma de un esquema de inversión que paga a los inversores existentes con fondos recaudados de nuevos inversores.

Portfolio

Una cartera que consta de todas las tenencias de criptomonedas en un solo lugar.

Pre-sale

Un evento de venta de tokens típicamente exclusivo que precede a una ICO pública

Privacy Coins

Criptomonedas diseñadas teniendo en cuenta el anonimato de las transacciones y la privacidad del usuario.

Private Keys

La cadena alfanumérica que permite transacciones desde la dirección de la criptomoneda.

Proof of Stake (PoS)

Un algoritmo de consenso que asigna una cola de validación de bloques en función de las monedas / fichas bloqueadas por el validador.

Proof of Work (PoW)

Un algoritmo de consenso en el que un bloque se valida mediante hash matemático

Protocol

El conjunto de reglas en una red, las cuales son cumplidas por los miembros participantes para permitir una comunicación adecuada.

Public Blockchain

Una cadena de bloques de código abierto donde la participación es pública y sin permiso

Public Keys

La cadena alfanumérica que sirve como dirección de recepción pública en criptomonedas.

Pump and dump scheme

Un método de manipulación del mercado para hacer subir el precio de un activo antes de obtener beneficios reduciéndolo.

Q

QR Code

Abreviatura "Código de respuesta rápida", el código QR es una etiqueta óptica legible por máquina que almacena hasta 3 Kb de datos

R

REKT

Una jerga abreviada para "arruinado", generalmente describe malas operaciones que resultan en pérdidas.

ROI

Abreviatura de "Retorno de la inversión", la relación entre la ganancia neta y el costo de inversión.

Rug pulled

Eliminación repentina de liquidez, lo que hace que el precio se desplome debido a la falta de soporte.

S

Satoshi

Unidad de medida para la unidad divisible más pequeña de un bitcoin. 1 bitcoin es igual a 100 millones de Satoshi.

Satoshi Nakamoto

El seudónimo utilizado en la publicación del documento técnico de Bitcoin.

Second-Layer Solutions

Red o marco secundario construido sobre una cadena de bloques existente para abordar los problemas de velocidad y escalabilidad de las transacciones.

Secure Asset Fund for Users (SAFU)

Una cuenta creada por Binance que contiene fondos de reserva que se pueden utilizar para reembolsar a los usuarios en caso de un evento catastrófico.

Seed

Un valor usado para iniciar la generación de un número pseudoaleatorio, usualmente una cadena de 12 palabras comúnmente en inglés.

Segregated Witness (SegWit)

Una implementación de bifurcación suave para cambiar el formato de transacción del Protocolo de Bitcoin para abordar los problemas de escalabilidad de Bitcoin al tiempo que se introducen nuevas funciones.

Sharding

Una forma de partición de la base de datos que divide los datos en segmentos más pequeños.

Shilling

Recomendación entusiasta para promover la compra de un activo que también puede ser como publicidad encubierta. Puede ser una recomendación genuina o bien una forma de lograr que otros inversores hagan crecer el precio del activo para que el "shiller" pueda venderlo más caro.

Shitcoin

Una moneda sin valor o uso potencial obvio.

Side Chain

Una blockchain separada que se ejecuta en paralelo con el blockchain principal.

Sim Swapping

Es una táctica en la que los piratas informáticos se apoderan del teléfono móvil para explotar la autenticación de dos factores y la verificación de dos pasos.

Smart contracts

Contratos autoejecutables en blockchain sin necesidad de ejecutores humanos o notario.

Solidity

Lenguaje de programación orientado a objetos utilizado en varias cadenas de bloques de contratos inteligentes.

T

Testnet

Abreviatura de "Red de prueba". Las redes de prueba son áreas de preparación para experimentar nuevas funciones de blockchain.

Token

Unidad de valor basada en blockchain emitida por una organización, que otorga a los titulares de tokens el derecho a participar en una red.

Token Burn

Un evento en el que los tokens se eliminan de manera verificable, permanentemente de la circulación.

Token Generation Event (TGE)

Un evento en el que se crean y distribuyen al público nuevos tokens (generalmente en una plataforma de contrato inteligente).

Total supply

Todos los tokens y monedas que existirán en una red de criptomonedas.

Trading Volume

La cantidad de criptomonedas que se han negociado en las últimas 24 horas.

Transaction Fee

Un pago a la red por realizar una transacción que se registrará en la cadena de bloques.

Transactions per second (TPS)

Es el número de transacciones realizadas por segundo en una red.

U

Utility Token

Tokens de criptomonedas con utilidades específicas en una red además de ser utilizados como medio de intercambio y vehículo de inversión.

V

Validator

Un participante con firma de bloque de una red de blockchain de Prueba de participación, que tiene una cantidad significativa de tokens apostados en la red.

W

Wallet

Software que maneja el almacenamiento de criptomonedas y permite a los usuarios enviar y recibir las mismas.

Wallet address

La dirección en la que se pueden almacenar, enviar y recibir las criptomonedas.

Wash Trade

Intercambio sin sentido de ida y vuelta entre una sola parte con el objetivo de inflar el volumen comercial.

Whale

Alguien que posee una enorme cantidad de criptomonedas y tiene la capacidad de agitar el mercado.

When Lambo

Una expresión utilizada por los inversores para preguntar cuándo el valor de su inversión podría comprarles un Lamborghini.

When Moon

Una expresión utilizada por los inversores para preguntar cuándo el precio de una moneda alcanzaría un pico.

Whitelist

Lista de participantes aprobados que tendrán acceso a una venta de tokens (ICO, IEO, STO, etc.)

Whitepaper

Un documento introductorio para explicar de manera concienzuda un problema y una posible solución al mismo.

Sobre el autor.

Horacio Raviolo

Nacido en Rafaela, Prov. De Santa Fe, Argentina el 7 de febrero de 1985

Ingeniero industrial, Inquieto por naturaleza, Apasionado por el mundo cripto y sus implicancias en la vida cotidiana.

Con su primer libro, busca despertar interés en otros sobre esta revolución que llegó para quedarse.

La Dirección Adecuada

Miguel Ángel Morra

www.ingramcontent.com/pod-product-compliance
Lightning Source LLC
Chambersburg PA
CBHW070646220526
45466CB00001B/316